LE COMMERCE DES LIVRES PROHIBÉS à Paris de 1750 à 1789

Thèse complémentaire pour le doctorat ès lettres

PRÉSENTÉE

à la Faculté des Lettres de l'Université de Paris

PAR

J.-P. BELIN

PARIS
BELIN FRÈRES, LIBRAIRES-ÉDITEURS
RUE DE VAUGIRARD, 52
—
1913

LE COMMERCE DES LIVRES PROHIBÉS

à Paris de 1750 à 1789

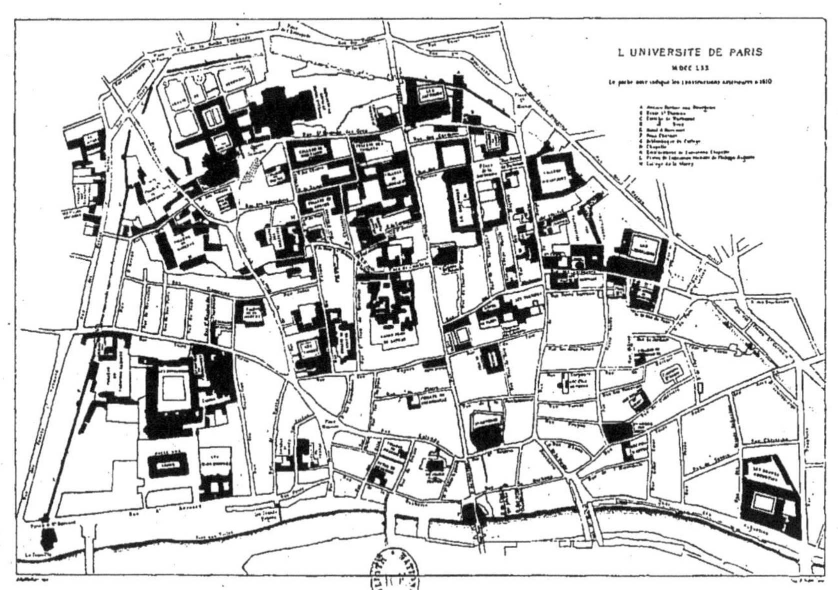

Le Quartier de l'Université.

(Extrait de Hoffbauer, *Paris à travers les âges.*)

LE

COMMERCE DES LIVRES PROHIBÉS

à Paris de 1750 à 1789

Thèse complémentaire pour le doctorat ès lettres

PRÉSENTÉE

à la Faculté des Lettres de l'Université de Paris

PAR

J.-P. BELIN

PARIS
BELIN FRÈRES, LIBRAIRES-ÉDITEURS
RUE DE VAUGIRARD, 52
—
1913

A mon Trisaïeul,
FRANÇOIS BELIN

A mon Bisaïeul,
BELIN-MANDAR

A mes Grands-Parents :
EUGÈNE BELIN et Madame Veuve E. BELIN

A mon Père et à mes Oncles :
MM. HENRI, TONY et PAUL BELIN

Libraires à Paris, de 1777 à 1913

PRÉFACE

Cette étude a été faite d'après les documents concernant l'histoire de la librairie, qui se trouvent en très grand nombre à la Bibliothèque Nationale dans la collection Anisson-Duperron (1) (mss. franç., 22061-22193), ou dans les Archives de la Chambre syndicale des libraires et imprimeurs de Paris (21813-22060), et à la Bibliothèque de l'Arsenal, dans les Archives de la Bastille.

Les volumes de la collection Anisson-Duperron, dont nous avons plus spécialement fait usage, sont les volumes suivants :

22061-63. Règlements généraux de la librairie.

22071-73. Privilèges et permissions.

22080. Inspecteurs de la librairie.

22087-102. Libelles diffamatoires et livres prohibés.

22103-105. Libraires et imprimeurs de Paris (détentions à la Bastille).

22114. Marchands privilégiés suivant la Cour, etc.

22115-16. Colporteurs et afficheurs.

22137-40. Jugements des censeurs sous l'administration de Malesherbes.

22153-54. Ordres de Sartine.

22156-165. Journal de la librairie, rédigé par l'inspecteur d'Hémery, 1750-1769.

22166-170. Duplicata d'ordres adressés à la Chambre syn-

(1) M. Coyecque a dressé un très précieux catalogue détaillé et complet de cette superbe collection, réunie dès la fin du dix-huitième siècle par l'inspecteur de la librairie d'Hémery.

Il y a joint le catalogue des Nouvelles Acquisitions concernant la librairie et provenant également des papiers de d'Hémery.

dicale à l'effet de restituer des ouvrages suspendus ou de les adresser au Magistrat, 1759-1772.

22171-181. Règlement de la librairie.

Nouv. Acq., 1214. Lettres de d'Hémery, 1750-1771.

Nouv. Acq., 3344-48. Librairie sous M. de Malesherbes, 1750-1763.

Les Archives de la Chambre syndicale des libraires et imprimeurs de Paris contiennent notamment (1) :

21830. Règlement de 1723.

21846-50. Divers registres de réception des colporteurs de 1740 à 1750.

21851-54. Listes des colporteurs pour les années 1753-1756; 1756-1758; 1760 et 1761.

21858-61. Registre de la Communauté des libraires et imprimeurs de Paris, 1741-1791.

21909-26. Registre des livres envoyés de la douane à la Chambre syndicale de 1748 à 1791.

21932-34. Registre des livres arrivant à Paris et arrêtés dans les visites faites par les syndic et adjoints, 1742-1791.

21959-71. Registre des privilèges accordés aux auteurs et libraires de 1748 à 1790.

21981. Registre des permissions tacites de 1763 à 1771.

21983-88. Registre des permissions tacites de 1772 à 1789.

21989. Registre alphabétique des permissions tacites depuis novembre 1763.

21990-94. Registre des livres d'impression étrangère présentés pour la permission de débiter, 1718-1774.

21998-22003. Registre des privilèges et permissions simples de la Librairie, 1750-1789.

22008-9. Feuilles des jugements de censeurs de 1777 à 1790.

22010. Table alphabétique de ces registres.

(1) M. Omont a fait un inventaire sommaire de ces Archives dans le *Bulletin de la Société de l'histoire de Paris*, 1886, t. XIII, p. 151-159 et 174-187 (réimprimé dans le Catalogue général des manuscrits français).

22011. Feuilles des jugements du 4 mai 1781 au 7 mars 1787.

22012. Registre du sceau pour les privilèges du 14 janvier 1778 au 31 décembre 1785.

22013. Répertoire des privilèges généraux ou permissions du sceau, 1763-1786.

22014-16. Rapports des censeurs sur les ouvrages soumis à leur examen, 1769-88.

22037. Procès-verbaux de ventes de livres des libraires : Merlin, 1779; Gauguery, 1770; etc., etc.

22039-40. Registres des privilèges et permissions simples de la librairie, 1786-1787.

Le volume 2192 de la collection Joly de Fleury contient une note sur les censeurs.

Aux Archives de la Bastille, les volumes 10301-3 contiennent des documents sur la Surveillance de la librairie et de la presse de 1748 à 1789; et le volume 10305 sur le Dépôt des livres prohibés à la Bastille, 1749-1790. Enfin, les volumes 10330-12471 contiennent des « Dossiers individuels et documents biographiques ». Bon nombre de ces documents ont été publiés par Ravaisson, *Archives de la Bastille* (1866-1905, in-8°, 20 vol.), surtout dans les volumes XII et suivants.

Nous avons encore consulté :

Le *Code de la librairie et imprimerie de Paris*, de Saugrain, 1744;

Le *Catalogue des libraires-imprimeurs* de Lottin, 1789;

Les cinq *Mémoires* de Malesherbes *sur la librairie*, écrits en 1759 sur la demande du Dauphin et imprimés en 1809 (Paris, Agasse);

La *Lettre de Diderot sur le commerce de la librairie*, écrite en 1767, pour être présentée par les libraires à Sartine (édition Assezat et Tourneux, t. XVIII);

Le *Mémoire* de Malesherbes *sur la liberté de la presse*, écrit en 1790, manuscrit à la Bibl. Nat., 22182, et imprimé à Paris en 1814;

La Bastille dévoilée (par Charpentier), Paris, 1789, 3 vol. in-8° ;

La *Correspondance* de Grimm (édition Tourneux, 1877-1882, in-8°, 16 vol.) ;

La Correspondance littéraire secrète de Métra, Neuwied, 1774-1793, 19 vol. ;

Les *Mémoires secrets* de Bachaumont, 1777-1787, 36 vol. ;

Le *Journal* du libraire Hardy (manuscrit à la Bibl. Nat., 13733) ;

Les *Correspondances* de Voltaire (édition Moland) ;

De Diderot (édition Assezat et Tourneux) ;

De Rousseau (édition Belin, 1817) ;

De d'Alembert (édition Belin, 1820) ;

De Mme du Deffand (collection Lescure) ;

Les *Mémoires* de Fauche-Borel ;

Ceux de Garat sur Suard (Belin, 1821) ;

Le Tableau de Paris, de Mercier, 1781 ;

La *Dénonciation des inquisiteurs de la pensée,* de J.-M. Chénier, 1789 ;

La Police de Paris dévoilée, de Manuel, an II.

Enfin, nous ne pouvons négliger d'exprimer ici notre respectueuse reconnaissance à M. Paul Delalain, qui a bien voulu mettre à notre disposition, avec la plus parfaite bonne grâce, les multiples ressources de sa vaste érudition et les précieux documents qu'il a su réunir à la Bibliothèque technique du Cercle de la Librairie. Qu'il nous soit aussi permis de remercier M. F. Funck-Brentano et M. M. Pellisson. Leurs aimables conseils et les savantes études du premier sur *les Lettres de cachet* (1) et du second sur *les Hommes de lettres au dix-huitième siècle* (Paris 1911) nous ont été d'un très grand secours.

(1) *Les Lettres de cachet à Paris*, 1659-1789 ; *étude suivie d'une liste des prisonniers de la Bastille*, F. Funck-Brentano, Imp. Nat., 1903.

CXLII.

Un Libraire.

(Extrait du *Tableau de Paris*, de Mercier.)

INTRODUCTION

LA RÉGLEMENTATION DE LA LIBRAIRIE ET LE COMMERCE CLANDESTIN

« Ordonnance de Charles IX du 10 septembre 1563 : Défenses sont faites à toutes personnes de quelque état, qualité et condition qu'elles soient, sur peine de confiscation de corps et de biens, de publier, imprimer, faire imprimer aucun Livre, Lettres, Harangues, n'autre Ecrit, soit en rithme ou en prose, faire semer Libelles diffamatoires, attacher Placards, mettre en évidence aucune autre composition de quelque chose qu'elle traite ; et à tous Libraires d'en imprimer aucuns sans permission dudit Seigneur Roy, sur peine d'être pendus et étranglés;...

« Arrêt du Parlement du dernier juillet 1565. Par lequel il est défendu à tous Imprimeurs Libraires, Colporteurs, ou autres personnes de quelque état qu'elles soient, d'imprimer ou faire imprimer aucuns Livres pleins de blasphèmes, convices ou contumélies, pétulans et ne tendans qu'à troubler l'Etat et repos public, sur peine de confiscation de corps et de biens (1). »

Telles sont les précautions qu'avait prises le pouvoir royal, dès que l'importance grandissante de l'imprimerie eut multiplié les livres et les eut mis à la portée de tout le monde.

Il avait été facile pendant tout le moyen âge de surveiller et de censurer les productions de l'esprit : les manuscrits étaient rares et chers; les théories dangereuses ne pouvaient se répandre vite ni loin. D'ailleurs la théologie scolastique régnait en maîtresse dans toutes les écoles, seuls centres de la vie intellectuelle.

Au commencement du seizième siècle au contraire, au moment où les hommes cultivés d'Occident découvraient avec enthousiasme les merveilles de l'art et de la pensée antiques, au moment

(1) Saugrain, p. 342.

où l'esprit de libre examen pénétrait dans le sein même de l'Eglise et critiquait les idées que le principe d'autorité avait jusque-là imposées, une invention nouvelle mettait au service des penseurs et des savants un étonnant moyen de répandre leurs idées. L'art de l'imprimerie parut d'autant plus dangereux, qu'on était déjà tout prêt à s'en servir pour bouleverser les principes fondamentaux sur lesquels reposait la société civile et religieuse. L'Eglise et l'Etat, également menacés dans la domination souveraine qu'ils exerçaient de concert sur les esprits depuis plusieurs siècles, s'en émurent également; et le pouvoir royal promulgua aussitôt des édits et des arrêts, où il s'efforçait de contenir et de réprimer le mal envahissant et où il établissait tout un ensemble de réglementations pour surveiller l'imprimerie et la librairie.

Pendant les deux siècles qui suivirent l'Ordonnance de Charles IX, le roi, qui était toujours intéressé à faire respecter les idées traditionnelles, ne cessa de promulguer des édits et des déclarations qui maintinrent et renouvelèrent les règles établies au seizième siècle. Durant tout le dix-septième siècle, on réussit assez bien à les faire appliquer. En même temps que l'unité politique et administrative, la monarchie de Richelieu et de Louis XIV avait rétabli en France une unité morale et intellectuelle, qui, pour être singulièrement éphémère, n'en fut pas moins assez solide jusqu'à la mort du grand Roi. Mais dès le début du dix-huitième siècle, avec les progrès rapides que faisait l'esprit de critique et de libre examen, les règlements anciens de la librairie menacèrent vite d'être souvent enfreints.

Pourtant ils ne furent pas abrogés; loin de là. Une déclaration du 10 mai 1728 portait :

« ... L'expérience nous a fait connaître que, nonobstant l'attention et la vigilance des Magistrats, plusieurs Imprimeurs ont porté la licence jusqu'à imprimer sans Privilège ni Permission, des ouvrages tendans à corrompre les mœurs de nos Sujets, ou à répandre des maximes également contraires à la Religion et à l'ordre public.... A ces causes et autres à ce nous mouvans, de l'avis de notre Conseil et de notre certaine science, pleine puissance et autorité Royale, nous avons par ces Présentes signées de notre main, dit, déclaré et ordonné, disons, déclarons et ordonnons, voulons et nous plaît :

» Art. Ier. — Que les Edits, Ordonnances, Déclarations et

Règlements rendus sur le fait de l'Imprimerie... soient exécutés selon leur forme et teneur dans tous les points auxquels il ne sera pas dérogé par ces Présentes; défendons à tous Imprimeurs, Libraires, Colporteurs et autres d'y contrevenir sous les peines qui y sont contenuës.

» Art. II. — Voulons que tous Imprimeurs qui seront convaincus d'avoir imprimé sous quelque titre que ce puisse être, des Mémoires, Lettres, Relations, Nouvelles Ecclésiastiques, ou autres dénominations, des Ouvrages ou Ecrits non revêtus de Privilège, ni Permission, sur des disputes nées ou à naître en matière de Religion, et notamment ceux qui seraient contraires aux Bulles reçûës dans notre Royaume, au respect dû à notre Saint Père le Pape, aux Evêques et à notre autorité, soient condamnés pour la première fois à être appliqués au Carcan, même à plus grande peine, s'il y échoit, sans que ladite peine du Carcan puisse être modérée sous quelque prétexte que ce soit; et en cas de récidive, ordonnons que lesdits Imprimeurs soient en outre condamnés aux Galères pour cinq ans, laquelle peine ne pourra pareillement être remise ni modérée.

» Art. III. — La disposition de l'Article précédent aura lieu pareillement à l'égard des Imprimeurs qui seront convaincus d'avoir imprimé des Ouvrages ou Ecrits tendans à troubler la tranquillité de l'Etat, ou à corrompre les mœurs de nos Sujets, et qui par cette raison n'auraient pu être revêtus de Privilège ni de Permission.

» Art. IV. — Voulons que ceux qui seront convaincus d'avoir composé et fait imprimer des Ouvrages ou Ecrits de la qualité marquée dans l'un ou dans l'autre des deux précédens articles, soient condamnés comme perturbateurs du repos public pour la première fois au bannissement à temps hors du Ressort du Parlement où ils seront jugés; et en cas de récidive au bannissement à perpétuité hors de notre Royaume.

» Art. V. — A l'égard des autres Ouvrages ou Ecrits qui n'étant de la qualité et sur les matières ci-dessus marquées, auront été imprimés sans Privilège ni Permission, laissons à la prudence et à la Religion de nos Juges, par rapport auxdits Ouvrages seulement, de prononcer contre les Imprimeurs et Auteurs telle peine qu'ils jugeront convenable, suivant l'exigence des cas; leur enjoignant néanmoins de tenir sévèrement la main à ce que tous ceux qui auront eu part à la composition, impression ou distribution de tous Libelles de quelque nature qu'ils puissent être, soient punis suivant la rigueur de nos Ordonnances (1). »

Cette déclaration, qui montre bien à quel point la littérature et la librairie étaient surveillées par le gouvernement, resta en vigueur jusqu'à la fin de l'ancien régime. Outre les défenses générales qu'elle contenait, un arrêt de 1723 établissait, ou plutôt renouvelait quantité de réglementations précises tant sur l'imprimerie que sur la librairie, sur l'organisation de la corporation et sur la censure et les privilèges. Pendant toute la seconde moitié du dix-huitième siècle, la librairie de Paris fut régie par ce Règlement arrêté au Conseil d'Etat du Roy le 28 février 1723 (2). Il fut rendu commun pour tout le Royaume, par arrêt du Conseil d'Etat du 24 mars 1744; et, cette même année 1744, le Syndic de la Communauté des libraires, Saugrain, rédigeait, aux dépens de ladite Communauté, un *Code de la librairie et imprimerie de Paris* où il reproduisait cet arrêt et le commentait par sa *Conférence avec les anciennes Ordonnances, Edits, Déclarations, Arrêts, Règlements et Jugements rendus au sujet de la Librairie et de l'Imprimerie depuis 1332*. Enfin une Déclaration du 16 avril 1757 punissait de la peine de mort les auteurs, éditeurs, imprimeurs ou colporteurs d'ouvrages tendant « à attaquer la religion, à émouvoir les esprits et à donner atteinte à l'autorité du roi », et condamnait aux galères à perpétuité ou à temps, quiconque n'aurait pas observé toutes les formalités (3).

Malgré ces lois sévères, la fin du dix-huitième siècle vit paraître tous les ouvrages des philosophes; les idées les plus communément reçues tant sur la religion que sur la politique subirent leurs attaques violentes, et finalement victorieuses. Tous ces livres furent imprimés et vendus en dépit de toutes les réglementations. Ils furent achetés par toute l'élite intellectuelle et sociale de l'ancienne France et lus avec avidité.

Il y eut donc, à côté du commerce officiel et régulier, tout un commerce clandestin que rien ne pouvait réprimer. « L'expérience prouve, disait un mémoire des syndic et adjoints

(1) Saugrain, p. 346.
(2) 21 830.
(3) Cette sévérité d'ailleurs « déplut à tout le monde et n'intimida personne, parce qu'on sentit qu'une loi si dure ne serait jamais exécutée ». Mal., *Mémoire sur la liberté de la presse*, p. 109.

de 1774 (1), qu'en cent occasions l'homme expose sa vie pour la fortune. » Or la fortune était pour ceux qui vendaient les livres à la mode du jour; et le mémoire continuait : « Il n'y a aucun livre qui fasse quelque bruit, dont il n'entre en deux mois un très grand nombre d'exemplaires (2), sans qu'il y ait personne de compromis, et ces exemplaires circulant en vingt fois autant de mains, il est impossible qu'il ne se trouve un téméraire entre tant d'hommes avides du gain sur un espace de l'étendue de ce royaume; et voilà l'ouvrage commun. » — Toutes les lois les plus sévères étaient donc à peu près vaines et inopérantes; elles ne pouvaient faire qu'on achetât aux libraires reconnus les livres approuvés qui n'intéressaient plus personne, tandis que tout le monde se disputait les livres défendus. « On reproche à la librairie et imprimerie de Paris, disait un autre mémoire de 1763 (3), qu'elle n'est plus dans l'état florissant qui lui a mérité de la part de nos rois tant de titres honorables et d'exemptions utiles. Ce prétendu dépérissement ne doit point être attribué à ceux qui exercent cette profession, mais à la dépravation du goût du siècle présent. Ce goût de frivolité qui règne depuis si longtemps en France a subjugué la bonne littérature, a fait abandonner l'étude des hautes sciences. La portion la plus sensée de notre public entraîné par l'attrait des sciences mathématiques, de la physique expérimentale et de l'histoire naturelle, s'est livrée à l'étude de ces connaissances avec une espèce de fureur; la multitude s'est repue de romans, d'ouvrages satiriques ou ne s'est occupée que du détail des malheureuses controverses de notre temps (4) : les feuilles périodiques ont achevé de faire perdre le goût d'une étude plus réfléchie.... Il était tout naturel que le commerce de la librairie se tournât vers le goût du public. Les livres d'érudition (5) n'étant plus d'aucun débit, les imprimeurs ont occupé leurs presses à fabriquer toutes les folies que l'on voit éclore depuis vingt ans. Une sorte d'impunité a enhardi ce commerce et l'a insensiblement conduit au point de dépérissement où il est maintenant. — Si l'on peut parvenir à

(1) Nouv. Acq., 558, 104.

(2) Ces livres étaient généralement imprimés à l'étranger.

(3) Adressé par Guérin, gendre de Berryer, à Sartine et rédigé sur la demande de Malesherbes. B. N., Res., F. 719, 46.

(4) Les querelles jansénistes et aussi les querelles littéraires.

(5) Ce sont en effet surtout les livres d'histoire, de jurisprudence et aussi de théologie qui firent la fortune des libraires au dix-septième siècle.

faire renaître dans la nation le goût des bonnes lettres, on ne tardera pas à voir l'imprimerie du royaume rétablie au degré d'honneur des premiers temps de son institution. »

L'auteur de ce mémoire n'avait pas tout à fait tort. Il n'avait seulement pas vu que la « bonne littérature » et les « hautes sciences », dont il se plaignait de voir le goût perdu en France, s'étaient précisément réfugiées chez les auteurs qui ne pouvaient avoir recours aux libraires et imprimeurs officiellement reconnus : aussi, quand on fut obligé de tolérer de plus en plus les ouvrages qui étaient d'abord sévèrement défendus, la librairie redevint-elle vite un état honorable et florissant.

Le commerce clandestin était toujours théoriquement condamné, mais en pratique il fut très souvent admis, et c'est grâce à lui que se sont répandus les livres de tous nos grands hommes du dix-huitième siècle, de ceux qui ont préparé la Révolution. Quand on saisit les livres de compte du libraire de Reims, Cazin, on fut étonné d'y trouver souvent cette mention « articles philosophiques » ; et, quand on lui en demanda l'explication, il déclara que « cette expression était de convention dans la librairie pour caractériser tout ce qui était prohibé (1) ».

Recherchons donc quels obstacles un auteur philosophe rencontrait pour la publication de ses ouvrages, et comment il avait appris à les tourner. Suivons-le dans toutes les difficultés auxquelles il se heurtait depuis le moment où l'ouvrage était achevé jusqu'à celui où il parvenait au public.

Difficultés pour obtenir une permission que nous avons déjà vue nécessaire en principe, difficultés pour faire imprimer un livre, difficultés pour le faire arriver jusqu'à Paris, difficultés pour l'y faire vendre, enfin risques de condamnation ou de saisie, autant de raisons qui auraient pu décourager les plus audacieux, si les mœurs et les pratiques administratives n'étaient pas devenues rapidement aussi tolérantes que les lois étaient sévères.

(1) *Bastille dévoilée.* On disait aussi de ces libraires clandestins qu'ils faisaient du commerce « en genre de prohibé ».

CHAPITRE PREMIER

LA CENSURE

I. Réglementation et organisation de la censure. — II. Inconvénients et résultats fâcheux de cette organisation. — III. Moyens d'y remédier : les *permissions tacites; simples tolérances;* le relâchement de la censure à la fin du siècle.

I

La première formalité officielle à laquelle était contraint un auteur qui voulait publier son ouvrage était la censure. Cette organisation compliquée de l'ancien régime datait des origines de l'imprimerie (1), et répondait à un double besoin : la censure proprement dite, c'est-à-dire la surveillance de l'Etat sur tout ce qui était édité, et la réglementation du droit de ce qui correspondait alors à notre propriété littéraire. L'ordonnance de Moulins de 1566 (art. 78) (2) disait déjà : « Défendons à toutes personnes que ce soit d'imprimer, ou faire imprimer aucuns Livres ou Traités sans notre Congé ou Permission, et Lettres de Privilège expédiées sous notre grand Scel. »

Le double principe est déjà posé : une permission de l'autorité devait attester que l'ouvrage ne contenait rien de contraire à la religion, à l'Etat et aux bonnes mœurs; et en même temps un privilège garantissait le libraire contre les contrefaçons.

L'obligation de la censure fut maintenue pendant tout l'ancien régime. Tous les auteurs étaient tenus de soumettre leurs manuscrits entiers à un censeur royal et d'obtenir, d'après son rapport, des lettres de privilège pour les ouvrages un peu importants, et une permission du lieutenant de police pour ceux dont la valeur ne dépassait pas deux feuilles en caractères de cicéro.

(1) Au moyen âge les stationnaires étaient obligés, pour vendre leurs manuscrits, d'avoir l'approbation des recteurs de l'Université dont ils dépendaient.

(2) Saugrain, p. 357.

Voici comment l'avocat général Joly de Fleury comprenait cette première fonction des censeurs.

« Il paraît, écrit-il au chancelier le 18 décembre 1768, qu'il y a en matière de censure de livres cinq choses dont il faut se garantir de la part des auteurs : 1° Les choses qui vont au détriment de la religion, et 2° les choses qui vont au détriment de l'autorité du Roy ; 3° les choses qui favorisent la corruption des mœurs ; 4° les philosophes (*en surcharge :* systèmes) qui favorisent l'indépendance en tout, tendent de la manière la plus sensible à déprimer la religion, l'autorité du prince et les principes des bonnes mœurs, d'où par une (*add.* inévitable) suite (se) coupent les liens de la société entre les hommes ; 5° ceux des points controversés parmi les ministres de l'Eglise en matière de religion, qui peuvent troubler la paix et la tranquillité et sur lesquels le Roy a imposé silence (1). »

Les privilèges et permissions étaient enregistrés comme le sont aujourd'hui nos brevets d'invention (2). Ces ouvrages devaient être imprimés en France. On devait en déposer huit exemplaires. Il était défendu de commencer à faire imprimer avant d'avoir obtenu le privilège ou la permission en bonne et due forme, ou on risquait alors de se voir refuser l'autorisation demandée, même si le censeur avait déjà donné son approbation orale (3). Il fallait que cette autorisation fût écrite, remise au Chancelier avec le numéro sous lequel l'ouvrage était enregistré, et accompagnée d'un rapport détaillé de tous les objets examinés. Elle était en outre jointe au manuscrit obligatoirement dans le cas d'un privilège et facultativement dans le cas d'une permission (4), afin d'être imprimée au commencement ou à la fin de l'ouvrage (5).

(1) BN Coll. J. de Fleury, 2192, f° 195.

(2) Les mss. 21998-22003 contiennent le registre des privilèges et des permissions simples de la librairie de 1750 à 1789. Les mss. 21959-21971 contiennent un autre registre des privilèges accordés aux auteurs et aux libraires de 1748 à 1790. Les mss. 22014 à 22016 contiennent les rapports des censeurs sur les ouvrages soumis à leur examen pour l'obtention des privilèges et permissions de 1769 à 1788. Enfin les mss. 21978, 22008-22013 et 22039-22040 contiennent différentes listes de privilèges et de jugements de censeurs, notamment pour le règne de Louis XVI.

(3) Maupeou donna des ordres à Sartine dans ce sens en 1769. 22073, 123.

(4) Circulaire aux censeurs du 12 avril 1768. 22073, 113.

(5) Voici d'ailleurs quel est le titre XV du règlement de 1723 (Saugrain, p. 357 sqq.) :

« Art. ci. — Aucuns Libraires, ou autres ne pourront faire imprimer ou réimprimer, dans toute l'étendue du Royaume, aucuns Livres, sans en avoir préalablement obtenu la Permission par Lettres scellées du grand Sceau ; lesquelles ne pourront être demandées ni expédiées, qu'après qu'il aura été remis à M. le Chancelier, ou Garde

Les censeurs auxquels on était ainsi forcé d'avoir recours dépendaient tous directement du Chancelier, c'est-à-dire du mi-

des Sceaux de France, une Copie manuscrite ou imprimée du Livre, pour l'impression duquel les dites Lettres seront demandées.

» Art. cii. — Ne pourront pareillement lesdits Libraires, ou autres, faire imprimer ou réimprimer aucuns Livres, ni même des Feuilles volantes et fugitives, sans en avoir obtenu Permission du Lieutenant Général de Police, et sans une approbation de Personnes capables et choisies par lui pour l'examen ; et sous ledit nom de Livres, ne pourront être compris que les Ouvrages dont l'impression n'excédera pas la valeur de deux feuilles en Caractère de Cicéro.

» Art. ciii. — Aucuns Livres ou Livrets ne pourront être imprimés ou réimprimés, sans y insérer au commencement ou à la fin des copies entières, tant des Privilèges et Permissions sur lesquelles ils auront été imprimés ou réimprimés, que de l'Approbation de ceux qui les auront lûs et examinés avant l'obtention desdits Privilèges et Permissions.

» Art. civ. ... Les Imprimés seront entièrement conformes aux Exemplaires vûs par les Examinateurs, sans qu'on puisse rien changer, ajouter ou diminuer aux Titres desdits Livres ou Livrets, dans les Affiches ou Placards qui en seront mis aux lieux accoutumés ; et pour cet effet les Imprimeurs, Libraires et autres, seront obligés après l'impression achevée, de remettre ès mains de M. le Garde des Sceaux, l'Exemplaire manuscrit sur lequel elle aura été faite, ou un Exemplaire imprimé paraphé par l'Examinateur.

» Art. cv. — Les quatre Articles ci-dessus seront ponctuellement exécutés, à peine contre les contrevenans de demeurer déchus de tous les droits portés par les Permissions ou Privilèges, et d'être procédé contre eux par confiscation d'Exemplaires, amende, cloture de Boutique, et autres plus grandes peines s'il y échoit.

» Art. cvi. — Lesdites Lettres ou Privilèges de Permission, seront dans les trois mois du jour de leur obtention, enregistrées sur le Registre de la Communauté des Imprimeurs et Libraires de Paris, fidèlement, tout au long, sans interlignes, ni ratures, à peine de nullité d'icelles ; et aucun Livre ne pourra sous la même peine être affiché ni exposé en vente, qu'après ledit Enregistrement... Et sera ledit Registre de la Communauté des Libraires et Imprimeurs de Paris communiqué à toutes personnes, pour y faire telles recherches et tels extraits que chacun avisera...

» Art. cvii. — Pourront les Livres pour lesquels auront été obtenues Lettres de Privilège ou Permission, être imprimés dans l'étendue du Royaume. Défend Sa Majesté d'en faire imprimer aucun hors d'icelui, à peine de confiscation des Exemplaires, et de quinze cents livres applicables moitié au profit de l'Hôtel-Dieu, et l'autre moitié au profit de la Communauté.

» Art. cviii. — Tous Libraires qui obtiendront des Privilèges ou Permissions du grand Sceau pour l'impression des Livres, seront tenus avant que de les pouvoir afficher ou exposer en vente, de remettre sans frais entre les mains des Syndic et Adjoints cinq Exemplaires brochés : desquels cinq exemplaires, lesdits Syndic et Adjoints seront tenus de se charger sur un Registre particulier, et d'en donner un reçu, pour être par eux lesdits Exemplaires remis huitaine après, sçavoir, deux au Garde de la Bibliothèque publique de Sa Majesté, un au Garde du Cabinet du Château du Louvre ; un en la Bibliothèque de M. le Garde des Sceaux de France, et un à celui qui aura eté choisi pour l'Examen desdits Livres : comme aussi lesdits Imprimeurs et Libraires remettront sans frais entre les mains desdits Syndic et Adjoints des Libraires et Imprimeurs de Paris, trois Exemplaires brochés de toutes les impressions ou réimpressions de Livres ; desquels Exemplaires lesdits Syndic et Adjoints se chargeront, pour être employés aux affaires et besoins de ladite Communauté ; le tout à peine de nullité des Lettres de Privilège ou Permission, de confiscation des Exemplaires, et de quinze cent livres d'amende. Enjoint auxdits Syndic et Adjoints d'y tenir la main, et de saisir tous les Exemplaires des Livres qui seront mis en vente et affichés avant qu'il ait été satisfait à ce qui est ordonné par le présent Article.

» Art. cix. — Défend Sa Majesté à tous Imprimeurs et Libraires du Royaume de contrefaire les Livres, pour lesquels il aura été accordé des Privilèges, et de vendre

nistre, et résidaient par conséquent tous à Paris. On ne tenait aucun compte des droits des provinciaux, pas plus des particuliers que des libraires. En 1762, des officiers du bailliage de Troyes se plaignirent à plusieurs reprises de traits satiriques que contenaient contre eux les *Éphémérides troyennes* de Grosley et demandèrent avec instance qu'on leur accordât le droit d'examiner eux-mêmes les feuilles de ce périodique, alléguant que les censeurs de Paris ne pouvaient juger des attaques locales. Néanmoins, ce droit leur fut toujours refusé (1). Quant aux libraires, cette organisation les faisait languir en province, tandis que les magasins de leurs confrères de Paris « fourmillaient de livres nouveaux ». Ils en étaient réduits à suivre attentivement les publications de l'étranger, à envoyer à Paris un exemplaire des livres qui leur paraissaient intéressants et à solliciter des privilèges pour les réimprimer. C'était un procédé qu'employait continuellement une des plus importantes librairies de Lyon, celle des frères Bruyset (2).

Si tous les censeurs étaient à Paris, le nombre en était assez grand pour qu'ils ne fussent pas surchargés de besogne. Il y en avait plus de cent (3). C'étaient généralement d'ailleurs des hommes de lettres ou des gens « en place », comme on disait alors. Ils étaient nommés par le Chancelier ou plutôt par le magistrat à qui il avait délégué ses fonctions de Directeur de la librairie. La liste en était dressée tous les trois ou quatre ans (4). Chacun d'eux était affecté à un service déterminé et ne pouvait examiner que les ouvrages de la spécialité dans laquelle sa compétence était reconnue. « La règle commune est de nommer à chaque auteur pour censeur un homme de lettres de son genre », disait Malesherbes (5). Ainsi pour la théologie, il y avait des docteurs de Sorbonne, des professeurs de collège, des curés ; pour la jurisprudence, des avocats ou des magistrats ; pour l'histoire naturelle, la médecine,

et débiter ceux qui seront contrefaits, sous les peines portées par les dits Privilèges, qui ne pourront être modérées ni diminuées par les Juges; et en cas de récidive, les contrevenans seront punis corporellement, et déchûs de la Maitrise, sans qu'ils puissent directement ni indirectement s'entremettre du fait de l'Imprimerie et du Commerce des Livres. »

(1) 22094, 129, et Nouv. Acq., 3344, 74-100.

(2) Nouv. Acq., 3344, 180.

(3) M. Chénier, *Dénonciation des inquisiteurs de la pensée*, 1789. On trouve la liste des censeurs dans Lottin, *Catalogue chronologique des Libraires et des Libraires-Imprimeurs de Paris, depuis l'an* 1470 *jusqu'en* 1789, p. 181 et 259. Il donne deux cent quatre-vingts noms pour le règne de Louis XVI.

(4) Le ms. 22073, 21 contient la liste pour l'année 1758.

(5) *Mém. sur la liberté de la presse*, p. 72.

la chirurgie, de grands médecins ; pour les mathématiques, des savants comme Clairault ; enfin pour les belles-lettres et l'histoire, un grand nombre d'abbés, auxquels quelque protection avait valu cette sinécure, des bibliothécaires de la Bibliothèque royale, des érudits comme Bonamy, qui était membre de l'Académie des Inscriptions, des hommes de lettres, même quand ils n'étaient pas particulièrement recommandables par la moralité de leurs propres écrits, comme Crébillon le fils, des journalistes, comme Marin, des fonctionnaires de ministères, même de hauts fonctionnaires, comme ce Tercier qui était Premier commis aux Affaires étrangères et qui est encore plus connu par le privilège qu'il accorda à *l'Esprit* d'Helvétius que par son rôle diplomatique, qui ne fut pourtant pas insignifiant (1). On n'était d'ailleurs pas trop intransigeant sur les opinions des censeurs ; et tel d'entre eux, chargé de juger de l'orthodoxie des auteurs, était connu pour être un franc athée. Il est vrai que son athéisme n'avait pas non plus empêché ce Ladvocat d'être nommé docteur en Sorbonne (2).

Ces places peu absorbantes de censeurs étaient fort agréables ; elles n'étaient pourtant pas rétribuées, mais elles faisaient parvenir aux antichambres des grands seigneurs et ouvraient les portes de l'Académie d'Angers ou de Caen ou de Vire en Basse-Normandie (3) ; et, après vingt ans de service, on obtenait une pension de quatre cents livres (4).

II

Cette organisation était vicieuse par bien des côtés. Tout d'abord, s'il était assez naturel et presque inévitable même de prendre des hommes compétents, on risquait fort de tomber dans un de ces deux inconvénients : ou bien l'examinateur est un ami de l'auteur et, comme « un auteur à qui on demande le sacrifice d'un trait de son ouvrage est un homme qu'on blesse dans sa partie la plus sensible, le censeur qui l'aime finit toujours par céder à ses instances (5) », — ou bien l'examinateur est un rival

(1) Il faisait partie du secret du Roi et avait été premier secrétaire à l'ambassade de Pologne.
(2) Grimm, 1er janv. 1766, VI, 461.
(3) Métra, IV, 175.
(4) Métra, *ibid.*, et M.-J. Chénier, *ibid.*
(5) Malesherbes, *Mém. sur la liberté de la presse*, p. 74.

de l'auteur, et alors il ne sera pas plus impartial. D'ailleurs, les auteurs savaient quels étaient leurs censeurs. Ceux-ci ne faisaient généralement pas leurs rapports sans les avoir vus.

De plus, le censeur était responsable. S'il avait donné son approbation à un livre dont l'apparition faisait quelque bruit dans le public, il pouvait être poursuivi devant les tribunaux tout aussi bien que l'auteur. Tercier ne fut pas moins inquiété pour avoir approuvé *l'Esprit*, qu'Helvétius pour l'avoir écrit. Les censeurs avaient donc pris très vite l'habitude de ménager beaucoup les autorités et surtout la magistrature : certains d'entre eux « regardaient comme une hérésie une proposition contraire à un passage de remontrance du parlement (1) ». D'autres, qui avaient des prétentions à l'Académie, ne laissaient rien passer contre la puissante Compagnie. Il y avait néanmoins toujours des mécontents ; et, selon l'habitude que l'on a volontiers en France de s'en prendre à tout propos au ministère, de simples particuliers se plaignaient des censeurs, quand ils n'étaient pas contents d'un livre. Dès qu'un artisan écrivait sur son métier, tous ses confrères se soulevaient contre lui et prétendaient qu'il avait voulu les ruiner et qu'il avait induit le public en erreur (2). On voit dans ces conditions combien il était malaisé à un censeur de porter un jugement équitable.

Il est du reste très difficile d'avoir une opinion irréprochable sur un ouvrage lu en manuscrit avant tout le monde. C'est un fait bien connu des libraires et des critiques qu'il est à peu près impossible de prédire, avant la publication, le succès qu'aura un livre et encore plus le scandale qu'il pourra provoquer.

Et comment exiger d'un malheureux censeur, souvent fort occupé par ailleurs, qu'il lût avec toute l'attention nécessaire des manuscrits parfois volumineux et souvent mal écrits ? Ils allaient pourtant quelquefois trop loin dans la négligence, et il était bien difficile à Claude Morel, docteur en Sorbonne, de justifier cette étonnante assertion, qu'il n'avait rien trouvé dans une traduction de l'Alcoran, qui fût « contraire à la foi catholique, ni aux bonnes mœurs (3) ».

Enfin, il était inévitable que les censeurs fussent inférieurs aux auteurs qu'ils examinaient, et il était facile de jeter quelque

(1) Malesherbes, *ibid.*, p. 82.
(2) Malesherbes, *ibid.*, p. 124.
(3) Mercier, *Tableau de Paris*, t. II, p. 50.

ridicule sur leurs jugements. « Mes lecteurs se figurent-ils, sans éclater de rire, disait M.-J. Chénier en 1789 (1), Voltaire, Jean-Jacques Rousseau, Buffon, Destouches, Piron, Gresset, tous les gens de lettres dans tous les genres ne pouvant offrir leurs idées au public sans consulter Armenonville, Chauvelin, Héraut, Berrier, Le Noir, de Crosne, Desentelles, Villequier, Marin, Suard *e tutti quanti!* je ne saurais joindre dans mon esprit ceux qui sont soumis à la férule et ceux qui la tiennent, sans me représenter une troupe d'aigles gouvernés par des dindons. »

Et pourtant la sévérité de la censure était parfois extrême, quoique généralement incohérente et injustifiable. On allait jusqu'à refuser des approbations, parce que l'ouvrage, quoique très orthodoxe, était trop faible (2). Un autre censeur supprimait un ouvrage, parce qu'il y avait quelques principes d'administration qui n'étaient pas conformes aux lois de Moïse. Un autre, et c'était Marin, « retranchait *ma foi* et y substituait *morbleu*, prétendant que la religion était moins blessée par ce mot que par l'autre ». Enfin, si nous en croyons toujours Métra, un censeur supprimait dans un livre de géométrie cette proposition que la ligne droite est le plus court chemin d'un point à un autre, disant à l'auteur : « Si je laissais paraître votre ouvrage, je me ferais des ennemis de tous ceux qui ne marchent jamais que par des lignes courbes, les trouvant bien plus courtes pour arriver à leur but que les lignes droites. Ces gens-là sont très nombreux dans les trois Etats du royaume, et ces gens-là me feraient perdre ma place (3). » Ces jugements répondaient d'ailleurs à l'idée qu'on se faisait dans le public du rôle de la censure. « J'ai entendu dire sérieusement, dit Malesherbes en 1759, qu'il est contre le bon ordre de laisser imprimer que la musique italienne est la seule bonne. Je trouve des gens qui s'en prennent au gouvernement de ce que tel poème ou tel roman imprimé est détestable (4). »

Aussi les auteurs « qui, par complaisance ou pour avoir la paix, se seraient châtrés à moitié, voyant qu'on voulait les châtrer tout à fait, prenaient le parti de ne se rien ôter et de se

(1) *Dénonciation des inquisiteurs de la pensée.* Cf. Diderot, *Lettre sur le com. de la lib.*, p. 67.

(2) Nouv. Acq., 3346, 394, lettre du censeur Mercier, professeur de Sorbonne, à Malesherbes, rendant compte de l'examen d'un livre et concluant que « la religion a plutôt à perdre qu'à gagner quand elle n'a que de semblables défenseurs, et que ce manuscrit ne mérite pas l'impression ».

(3) Métra, IV, 175.

(4) *Mém. sur la lib.*, p. 68.

livrer à Marc-Michel Rey ou à Gabriel Cramer (1), te que Dieu les avait faits, avec toute leur virilité » (2). « Les censeurs sont les hommes les plus utiles aux presses étrangères, disait encore Mercier. Ils enrichissent la Hollande, la Suisse, les Pays-Bas. (3) »

Mais c'étaient seulement les écrivains les plus hardis qui couraient le risque d'une impression à l'étranger. Les gens modérés, raisonnables et compétents ne voulaient pas se mêler à ces discussions. Ils s'abstenaient et « la nation n'était instruite que par des auteurs qui avaient beaucoup d'esprit et d'éloquence, mais qui étaient trop peu versés dans la matière qu'ils traitaient (4) » ; et, « comme la défense de la loi imposait silence à ceux qui auraient pu les contredire, le champ de bataille leur restait et le public s'accoutumait à regarder les nouvelles opinions comme des vérités, qui n'étaient pas contestées (5) ».

L'effet ordinaire de cette réglementation sévère était donc d'encourager les auteurs à chercher tous les moyens d'y échapper, quand ils avaient assez d'audace pour publier leurs ouvrages ; et ces moyens étaient nombreux.

III

Le gouvernement s'en rendait si bien compte qu'il était obligé de tolérer et de favoriser une institution, qui, sans être parfaitement légale, avait les plus grands avantages. On prit peu à peu l'habitude d'accorder ce qu'on appela des *permissions tacites*. « Dans la pratique, dit Malesherbes en 1759 (6), il est absolument impossible de s'en passer. »

Il y avait en effet, dans la délivrance d'un privilège, une sorte d'approbation officielle et publique dont peu d'ouvrages étaient susceptibles. Pourtant, beaucoup de ces livres qui étaient présentés à la censure ne pouvaient pas être interdits. « Il n'était pas juste que le libraire de bonne foi, qui venait de faire sa confession au magistrat, fût privé du gain qu'un fraudeur ferait sur le même

(1) Imprimeurs célèbres d'Amsterdam et de Genève.
(2) D'Alembert au roi de Prusse, 9 avril 1773, V, 335.
(3) *Opus cit.*, II, 50.
(4) Malesherbes, *Lib. de presse*, p. 35.
(5) *Ibid.*, p. 36.
(6) *Cinquième Mém. sur la librairie.*

livre (1). » Aussi, vers la fin du règne de Louis XIV, commença-t-on à donner des permissions tacites.

Ces permissions tacites, comme les permissions publiques, étaient accordées par les censeurs, qui signaient l'approbation et paraphaient le manuscrit ou un exemplaire imprimé. La liste en était déposée à la Chambre syndicale des libraires de Paris (2). Mais, contrairement aux privilèges, elles (3) n'étaient pas scellées du Grand Sceau, et, comme elles n'étaient pas imprimées à la fin de l'ouvrage, le public ignorait qui avait donné l'approbation (4).

Quand Malesherbes arriva en 1750 à la Direction de la librairie, il trouva cette organisation déjà existante; il la développa beaucoup. Elle répondait, en effet, parfaitement à ses idées sur la liberté de la presse. Il aurait voulu établir en principe cette liberté; mais il voulait, tout en ne chargeant pas les censeurs d'une responsabilité trop grande, accorder aussi des garanties suffisantes à ceux qui désiraient ne pas être poursuivis. C'est ce qui arrivait avec les permissions tacites. L'auteur et le libraire étaient tranquilles : ils étaient en règle; le registre de la Chambre syndicale en faisait foi. D'autre part, le censeur étant inconnu du public n'était pas en butte aux sollicitations importunes et déraisonnables de tous les particuliers, qui, pour une raison ou pour une autre, croyaient avoir à se plaindre du livre. Malesherbes voulut donc rendre ces permissions légales. « Mais, dit-il (5), souvent en France on a pour les lois un respect d'un genre fort singulier. Quand on y voit des inconvénients on ne veut pas les changer, et on aime mieux permettre qu'elles ne soient pas exécutées. On me répondit que la nécessité des permissions tacites était reconnue par le Gouvernement; qu'elle l'était même par les parlements, contradicteurs habituels de l'administration... qu'ils ne poursuivaient jamais comme imprimés en fraude les livres permis dans cette forme, mais qu'ils ne consentiraient pas à enregistrer la loi que je leur proposais (6). »

(1) Mal., *Lib. de presse*, p. 49.

(2) Nouv. Acq. 3347, 5. — Les mss. 21981-21989 contiennent plusieurs registres de ces permissions tacites avec les noms des censeurs.

(3) Il ne faut pas les confondre avec les permissions du Lieutenant de police réservées aux petits ouvrages.

(4) Mal., *Lib. de presse*, p. 50.

(5) *Lib. de presse*, p. 51.

(6) « La permission tacite, disait, dans sa *lettre* à Sartine (p. 60), Diderot, qui en était un grand partisan, n'est-elle pas une infraction de la loi générale qui défend de ne rien publier sans approbation expresse et sans autorité ? Cela se peut ; mais

C'était le seul moyen pour les libraires étrangers de se mettre en règle. Les livres qui avaient obtenu un privilège devaient, comme nous l'avons vu, être imprimés en France. Pourtant, à cette époque où la langue française était universellement répandue, il arrivait fréquemment que des libraires étrangers fissent les frais de l'impression d'un livre français. Mais leur édition pouvait être saisie à la frontière et ils voyaient alors en même temps leurs ballots confisqués et une contrefaçon paraître en France. Cette édition contrefaite était d'autant plus avantageuse pour le libraire français qu'il n'avait pas eu à acheter le manuscrit (1).

Aussi Malesherbes recevait-il fréquemment des lettres de libraires hollandais ou suisses lui demandant une permission tacite. Ils accompagnaient leurs lettres d'un exemplaire du livre, qui était généralement déjà imprimé, mais promettaient de faire toutes les corrections nécessaires à l'aide de cartons (2). Malesherbes communiquait l'ouvrage à un censeur qui l'examinait comme les livres français ordinaires. Il arrivait assez souvent que la permission fût refusée (3). Mais, en général, les censeurs n'étaient pas très sévères pour ces éditions étrangères qu'il était difficile de modifier et parfois cruel d'interdire. On tenait souvent compte de la nationalité de l'auteur, de sa religion, et on autorisait même un livre qu'on n'aurait pas approuvé si l'auteur avait été Français, parce qu'il était l'œuvre d'un républicain non catholique (4). Et puis on passait facilement sur quelques passages trop hardis, en considération de la difficulté qu'il y avait à demander des corrections. Tercier, ayant lu *le Projet de paix perpétuelle* de l'abbé de Saint-Pierre dans une édition qui venait de l'étranger en 1757, trouvait que « puisqu'il était fait, ça ne valait pas la peine d'y mettre des cartons et qu'on pouvait en autoriser l'entrée (5). »

l'intérêt de la société exige cette infraction et vous vous y résoudrez parce que toute votre rigidité sur ce point n'empêchera point le mal que vous craignez. »

(1) 22150, 75.

(2) Par exemple, Schneider, d'Amsterdam, pour *les Vues philosophiques* de M. de Prémontval. 22152, 203.

(3) Ainsi, sur le rapport de Dupont, Malesherbes refusa en 1762 l'autorisation pour *l'Abrégé d'Histoire ecclésiastique*, de Formey, que sollicitait Schneider, parce que ce livre était plein de principes calvinistes, 22144, 39.

(4) *Le Droit des gens*, de Vattel, fut ainsi approuvé par Tercier en 1757. Nouv. Acq., 3348, 29.

(5) 22149, 58.

Généralement, l'imprimeur étranger traitait avec un libraire français qui se chargeait de faire les démarches à Paris auprès de l'administration. Grasset, libraire de Lausanne, qui voyageait en France en 1755 (1), reçut mission de son associé Marc-Michel Bousquet de faire parvenir à Paris un exemplaire des *Sermons* de Beausobre, afin d'obtenir une permission tacite : l'ouvrage fut adressé au libraire parisien Guillyn, qui se chargea de le présenter à la censure (2).

Quelquefois même le correspondant français, un peu trop présomptueux, se faisait adresser un ballot de l'édition étrangère et se faisait fort d'obtenir l'approbation ensuite. Mais il courait un gros risque. Car, si la permission lui était refusée, son ballot était saisi, et tous les exemplaires pouvaient être brûlés. Duplain de Lyon reçut ainsi en 1761 onze cents exemplaires de la *Nourriture de l'âme*, que venait d'imprimer Grasset; et, comme c'était un livre protestant et que La Michodière, l'intendant de Lyon, ne se souciait pas du tout de le voir se répandre en Languedoc où les protestants étaient nombreux, Bourgelas, qui était chargé à Lyon des affaires de la librairie, les aurait certainement « incendiés », si Malesherbes n'était intervenu et n'avait ordonné de renvoyer simplement l'édition à son protégé Grasset (3).

Les étrangers n'étaient pas les seuls à obtenir ces permissions tacites. Les imprimeurs français en sollicitaient souvent, surtout les imprimeurs de province. Les frères Bruyset avaient parfois recours à cet expédient. C'est ainsi qu'en 1754, ils demandèrent et obtinrent une permission tacite pour *les Mélanges philosophiques* de Formey (4). Quand l'ouvrage avait déjà paru à l'étranger, par exemple, on obtenait beaucoup plus facilement l'autorisation de le réimprimer. On permettait à Bruyset de Lyon, d'imprimer, et à Duchesne de Paris, de vendre *l'Institution politique* du baron de Bielfeld, quoiqu'il y eût, dit Lagrange de Chécieux le censeur, « quatre ou cinq endroits où l'auteur manifestait les préjugés de la secte, où il était né » (le protestantisme), mais parce qu'il y avait déjà eu une première édition en Hollande (5). C'est pour la même raison encore que le même

(1) Il traversait la France pour se rendre en Espagne. C'est à ce moment qu'éclatait l'affaire de *la Pucelle*, à laquelle il fut très directement mêlé.

(2) 22151, 44.

(3) 22146, 49.

(4) Nouv. Acq., 3347, 304.

(5) 22145, 77.

Lagrange de Chécieux autorisait tacitement une édition des *Extraits des OEuvres du Philosophe de Sans-souci*, en supprimant seulement un passage vraiment trop fort contre les ordres monastiques : ses *OEuvres complètes* avaient déjà paru en France même (1).

Le plus grand nombre de ces permissions tacites étaient pourtant accordées aux imprimeurs de Paris. Elles étaient d'ailleurs toujours données à Paris même, puisqu'il fallait l'approbation d'un censeur. Mais, comme les privilèges, elles étaient valables pour toute la France. Seulement, comme elles n'étaient nullement apparentes, il pouvait très bien arriver qu'on saisît en province une édition permise tacitement à Paris. Il pouvait néanmoins y avoir des circonstances particulières à telle ou telle ville, éxigeant qu'on y interdît l'entrée d'un ouvrage. On pouvait seulement alors s'opposer à la vente, mais on ne pouvait pas confisquer l'édition. C'était la prétention qu'émettait un jour la ville de Lille au sujet de *la Justification de l'Encyclopédie* de Montlinot. Panckoucke, qui en était l'éditeur, eut recours à Malesherbes et obtint facilement qu'on lui rendît son ouvrage qu'il put vendre ailleurs (2).

A côté de ces permissions tacites, il y avait encore des permissions de la police pour les ouvrages de peu d'importance; c'est ce que Malesherbes appelait *les simples tolérances*. C'étaient plutôt des promesses négatives de ne pas poursuivre que des permissions expresses de publier, et il ne faut pas les confondre avec les approbations officielles que donnait pour les petites brochures le Lieutenant de police sur le rapport d'un censeur. Voici comment Malesherbes explique l'existence de ces tolérances :

« Souvent, dit-il (3), on sentit la nécessité de tolérer un livre, et cependant on ne voulait pas avouer qu'on le tolérait; par exemple, c'est ce qui arrivait lorsqu'il avait été fait en pays étranger une édition de quelques livres qui déplaisaient au clergé, et par conséquent à un cardinal ministre, et que cette édition s'était répandue en France malgré les obstacles qu'on y avait opposés.

» Dans ce cas et dans beaucoup d'autres on prenait le parti de

(1) 22014, 88.
(2) Nouv. Acq., 3346, 227, et 22144, 186.
(3) *Lib. de presse*, 52 sqq.

dire à un libraire, qu'il pouvait entreprendre son édition, mais secrètement; que la police ferait semblant de l'ignorer et ne le ferait pas saisir; et comme on ne pouvait pas prévoir jusqu'à quel point le clergé et la justice s'en fâcheraient, on lui recommandait de se tenir toujours prêt à faire disparaître son édition dans le moment qu'on l'avertirait, et on lui promettait de lui faire parvenir cet avis avant qu'il ne fût fait des recherches chez lui.

» Je ne sais pas bien quel nom donner à ce genre de permission, dont l'usage est devenu commun. Ce ne sont proprement que des assurances d'impunité.

» Ce n'est pas le magistrat de la *librairie* qui donne cette assurance au libraire, c'est le lieutenant de police (1).

» C'est entre les mains de ce magistrat que sont à Paris tous les moyens d'exécution, et Paris est le centre du commerce de la *librairie française;* ainsi il n'y a que lui qui puisse promettre à un libraire de le mettre à l'abri des recherches.

» Il y a encore une autre raison pour que ce soit lui. On demande quelquefois des permissions sur lesquelles on ne peut se déterminer sans savoir les intentions personnelles du Roi ou de ceux en qui il a mis sa principale confiance, et c'est ordinairement le lieutenant de police qui est dans toutes les confidences. »

Le lieutenant de police recevait d'ailleurs généralement des ordres du chancelier ou de tel autre ministre pour donner ces permissions. Quand Daguesseau était chancelier, comme sa piété le rendait trop sévère, ses collègues avaient pris l'habitude d'ordonner eux-mêmes au lieutenant de police de ne pas poursuivre certains livres, ce qui mettait le Directeur de la librairie dans une situation particulièrement désagréable, quand le livre faisait du

(1) Malesherbes donnait pourtant quelquefois lui-même de telles permissions. Ainsi quand Saurin lui montra en manuscrit son petit conte de *Mirza et Fatmé*, Malesherbes, croyant qu'il n'était question que de géométrie ou de physique récréative (Saurin n'avait encore mis son nom qu'à une brochure de mathématiques), l'assura qu'on ne poursuivrait pas son livre. Saurin le donna donc à imprimer à Prault. Celui-ci, étonné de cette permission, alla voir Malesherbes, qui lui répondit : « Oui, oui, je sais ce que c'est, vous pouvez aller votre chemin. » Il l'imprima donc ; et le livre, aussitôt paru, fit le plus grand scandale. On demanda à Saurin de faire des cartons ; mais, comme il y chantait la palinodie de façon que le remède était pire que le mal, Malesherbes, qui avait éclaté de rire en lisant ces corrections, conclut en disant : « Ma foi! laissons aller les choses comme elles sont. » Il fit bien : au bout de huit jours on n'en parla plus. (Note de Prault, publié par Rathery. *Bulletin du bibliophile*, 1850, p. 875.)

scandale. Malesherbes ne manqua pas de se plaindre de cet abus et réussit à le supprimer (1).

Ce sont évidemment des permissions de ce genre que pouvaient donner en province les maires ou les intendants que l'arrêt de 1744 chargeait de veiller à l'exécution des règlements de la librairie. Malesherbes écrit en 1757 à La Michodière, récemment nommé intendant de Lyon, au sujet des *Éloges* de Formey, pour lesquels Bruyset-Ponthus demandait une permission : « Le parti que nous prenons ordinairement est de permettre les ouvrages tacitement, ou plutôt de les tolérer parce qu'on ferait entrer l'édition étrangère et qu'il vaut encore mieux que ce soit des libraires et des ouvriers français qui fassent ce profit. Mais comme il n'est pas convenable qu'il reste par écrit des vestiges de cette tolérance, ces sortes de permissions s'accordent ordinairement verbalement et le mieux serait que vous voulussiez bien envoyer chercher Bruyset-Ponthus et lui dire que vous consentez qu'il fasse cette édition pourvu que ce soit avec discrétion et qu'il n'aille pas se faire annoncer dans les journaux, ni dans les prospectus imprimés. Comme les intendants sont chargés par un arrêt de 1744 de veiller à l'exécution des règlements de la librairie, je crois qu'il est plus convenable que ces permissions passent par vous (2). »

C'est sans doute encore une tolérance du même genre, plutôt qu'une véritable permission tacite, que le même Bruyset-Ponthus obtenait en 1760 du même La Michodière, puisque c'était seulement à Paris qu'on pouvait donner ces permissions tacites. Il s'agissait alors de l'impression d'un choix de pièces tirées des ouvrages de Voltaire en un petit volume in-douze *ad usum* ou classique (3).

Beaucoup d'autres ouvrages de Voltaire furent ainsi autorisés ou plutôt tolérés. Ainsi pour *Zulime*, par exemple, on sollicita deux ou trois fois une permission de Malesherbes. Celui-ci était si certain qu'on l'imprimerait sans permission s'il refusait, qu'il finit par dire, tout bas, à l'inspecteur d'Hémery de la tolérer. Mais ce n'était qu' « une permission très tacite ». Néanmoins, Desauges eut la maladresse de la vendre publiquement ; et, comme

(1) Nouv. Acq., 3348, 240. A propos de la *Théorie de l'Impôt*, de Mirabeau, ainsi permise en 1761.
(2) Nouv. Acq., 3345, 130.
(3) Nouv. Acq., 1181, 19.

cette édition n'avait pas l'approbation officielle de Voltaire, son chargé d'affaires ordinaire, d'Argental, protesta auprès de Malesherbes, qui fit supprimer la publicité de cette vente; c'est tout ce qu'il pouvait faire (1).

Car ces tolérances verbales n'engageaient naturellement à rien. On pouvait les retirer quand on voulait; on prenait même très souvent la précaution de ne les accorder que pour un petit nombre d'exemplaires seulement. On voyait alors l'impression que l'ouvrage faisait dans le public, et, selon qu'elle était mauvaise ou favorable, on retirait la tolérance ou on l'étendait (2). C'était un principe cher à Malesherbes, qui permit ainsi le débit de quelques exemplaires du *Discours sur l'irréligion* de Haller quoique la doctrine de l'Eglise catholique y fût taxée de superstition (3).

On voit que les règlements officiels de la censure, dont la sévérité n'était nullement en rapport avec les idées régnantes à la fin du dix-huitième siècle, supportaient assez bien certains accommodements, qui permettaient à l'autorité paternelle de l'ancien régime de montrer toute sa bienveillance pour les philosophes.

Les idées évoluèrent d'ailleurs rapidement. Le passage de Malesherbes à la Direction de la librairie ne contribua pas peu à relâcher les sévérités de la censure et à multiplier les moyens d'y échapper.

A la fin du siècle, le succès des ouvrages philosophiques avait été si manifeste, la réputation de leurs auteurs était si solidement établie qu'on n'osait plus les interdire. Lagrange de Chécieux, examinant en 1774 une nouvelle édition des *Considérations* de Duclos *sur les mœurs de ce siècle*, « trouvait cet ouvrage si célèbre, si répandu, jouissant d'une estime si universelle » qu'il ne pouvait que l'approuver. « Le nombre des éditions de cet ouvrage, ajoutait-il, en prouve le mérite, et son mérite prouve l'utilité d'en donner de nouvelles éditions, dès que les anciennes sont épuisées (4) ».

Les censeurs ne se faisaient plus aucun scrupule d'approuver ou même d'encourager les ouvrages des philosophes, qui étaient

(1) Nouv. Acq., 3348, 286.
(2) Nouv. Acq., 3346, 396.
(3) Nouv. Acq., 3345, 19.
(4) 22016, 247.

souvent leurs amis. Saineville, en 1776, eut à examiner *l'Economie politique* de Condillac (1). Il conclut : « Cet ouvrage ne peut être qu'utile. L'auteur n'est jamais sorti des bornes de la discussion et la vérité ne peut que gagner à de pareils ouvrages. » Il ne se dissimulait pas que les théologiens et les dévots crieraient peut-être à propos du chapitre sur l'usure. Mais il s'en consolait facilement : « Je sais que les gens du parti ne me trouvent pas assez zélé, mais je suis ce que je suis (2). »

Ce même Saineville suivait avec intérêt, à la même époque, la publication de la nouvelle *Encyclopédie* de Panckoucke. En censurant l'article *Espagne*, il lisait l'article *Esclave* qui était sur la même page et, le trouvant mal fait par Grivel, « un économiste inintelligible », il conseillait vivement à Panckoucke d'en changer le rédacteur (3).

Aux approches de la Révolution, la censure devenait extrêmement tolérante pour tous les livres politiques qui étaient alors de plus en plus nombreux (4).

Elle s'exerçait même parfois en faveur des idées nouvelles et contre les anciennes. Heuvrard, chargé d'examiner, en 1782, une *Histoire ecclésiastique et civile du diocèse de Laon*, par un bénédictin, donnait bien son approbation, mais supprimait un passage relatif aux troubles qui avaient eu lieu sous Louis XV comme « trop dur contre les Protestants », car il était « persuadé que ce ne serait jamais par de pareils moyens qu'on parviendrait à les ramener dans le sein de l'Eglise (5) ».

Enfin comme cette censure, si large qu'elle fût devenue, paraissait cependant encore trop sévère, on tolérait de plus en plus des ouvrages qui paraissaient sans aucune permission expresse; et, quand Saineville avait tout de même quelque scrupule à donner son approbation officielle de censeur, il concluait ainsi à propos des *Observations* de Mably *sur le Gouvernement et les lois des Etats d'Amérique*, où étaient exposés le déisme et la théorie de la tolérance : « Quelque plaisir que j'aie eu à lire ce livre, je ne puis l'approuver comme censeur (même, pour une permission tacite). C'est à Monseigneur à voir jusqu'à quel point

(1) *Le commerce et le gouvernement considérés relativement l'un à l'autre; ouvrage élémentaire.*
(2) 22016, 273.
(3) 22016, 209.
(4) 22015.
(5) 22016, 184.

il peut fermer les yeux... Cet ouvrage, fût-il expressément défendu, n'en pénétrera pas moins (1). »

Evidemment, c'était alors le sentiment général. Tout le monde savait bien qu'il était parfaitement inutile de faire des simulacres d'opposition à un mouvement qui avait déjà tout envahi et tout entraîné; et Malesherbes disait de même en 1789 : « Il y a quelques livres pour lesquels il n'y a pas même aujourd'hui de permission expresse, que cependant on laisse vendre dans les boutiques, étaler dans les rues, annoncer dans les catalogues imprimés de vente de livres, parce qu'on sait qu'il serait inutile et même ridicule de vouloir s'y opposer (2). »

C'est sur cette déclaration d'impuissance, qu'on peut terminer l'histoire de la censure au dix-huitième siècle.

(1) 22014, 159.
(2) Mal., *Lib. de presse*, p. 38.

Libraires d'Amsterdam.

CHAPITRE II

IMPRESSION A L'ÉTRANGER ET EN PROVINCE

I. Réglementation de l'imprimerie à Paris : La Communauté; La réception des Maîtres; Les obligations des imprimeurs. Résultat de cette réglementation. — II. Impression à l'étranger. Les imprimeurs étrangers de second ordre; Cramer; Rey. Surveillance française en Hollande. Perquisitions à Avignon. — III. Entrée en France : Réglementation; Fraudes; Commerce régulier des marchands forains ou des libraires français avec les imprimeurs étrangers. — IV. Impression en province : Rouen, Lyon.

I

La Communauté des libraires et imprimeurs était une corporation privilégiée et minutieusement réglementée (1). Elle jouissait des privilèges et prérogatives de l'Université : « Les Libraires et les Imprimeurs seront censés et réputés du Corps et des Suppôts de l'Université de Paris, distingués et séparés des Arts mécaniques; maintenus, gardés et confirmés en la jouissance de tous les Droits, Franchises, Immunités, Prérogatives et Privilèges attribués à ladite Université et auxdits Libraires et Imprimeurs; et en cette qualité sera et demeurera la Communauté des Imprimeurs et Libraires franche, quitte et exempte de toutes Contributions, Prêts, Taxes, Levées, Subsides et Impositions mises et à mettre, imposées et à imposer sur les Arts et Métiers, desquels Sa Majesté l'a entièrement exceptée, distinguée et séparée, même sous prétexte de confirmation desdits Droits, Privilèges, Prérogatives, dont Sa Majesté veut qu'elle jouisse franchement, paisiblement et sans aucun trouble (2). »

Cette aristocratie commerciale était très fermée. Le nombre

(1) Les mss. 21858-61 contiennent les registres de la Communauté des libraires et imprimeurs de Paris de 1741 à 1791.

(2) Saugrain, p. 5.

des imprimeurs était limité à trente-six pour Paris (1). Cette réglementation fut reproduite dans tous les édits de 1686, de 1704, de 1713, de 1739 et de 1744. Officiellement elle devait remédier aux abus causés par le trop grand nombre des imprimeurs. Mais elle avait évidemment pour but réel de favoriser le monopole des grandes maisons. Car « Sa Majesté, y était-il dit, est informée qu'une partie des imprimeurs ne peut se soutenir par le produit de son travail, ce qui les expose à s'occuper à contrefaire des ouvrages imprimés avec privilège, ou à en imprimer clandestinement de mauvais (2) ».

Pour être accepté au nombre de ces trente-six imprimeurs parisiens, il fallait être « reçu Maitre, à laquelle Maîtrise on ne pouvait être admis qu'après avoir fait son Apprentissage pendant le temps et espace de quatre années entières et consécutives et servi les Maîtres en qualité de Compagnons au moins durant trois années après le temps d'apprentissage achevé... être congru en Langue Latine et savoir lire le Grec (3) », passer « un Examen pardevant les Syndic et Adjoints en Charge accompagnés de deux anciens Officiers de leur Communauté et de deux autres Imprimeurs qui n'eussent pas passé les Charges (4) », enfin fournir un certificat de bonne vie et mœurs et de catholicité; toutes ces pièces étaient « remises par les Syndic et Adjoints entre les mains du Lieutenant Général de Police, pour être par lui envoyées avec son Avis à Monsieur le Garde des Sceaux, et être en conséquence expédié un Arrêt du Conseil, sur lequel (et non autrement) il était procédé à la Réception de l'Aspirant... (5) », non toutefois avant qu'il eût payé un droit de quinze cents livres (6). Ce droit était réduit à neuf cents livres pour les fils de maîtres ou les compagnons qui épousaient une fille ou veuve de maitre. Enfin une dernière formalité était imposée au nouvel imprimeur : il devait prêter serment par devant le Lieutenant général de police.

Une fois toutes ces conditions remplies, on aurait grand tort de croire que l'imprimeur était libre d'exercer son métier à sa

(1) Chaque ville de province était également taxée, Lyon et Rouen à 12, Bordeaux et Toulouse à 10, Lille et Strasbourg à 6, diverses autres villes nommément spécifiées à 4, 3 et 1. Il était interdit aux villes qui n'étaient pas ainsi désignées d'avoir aucune imprimerie.

(2) Saugrain, p. 204.

(3) *Ibid.*, p. 181.

(4) *Ibid.*, p. 189.

(5) *Ibid.*, p. 191.

(6) *Ibid.*, p. 192.

guise. Il était encore soumis à mille obligations : il devait avoir au moins quatre presses et neuf sortes de caractères (1), graver son nom sur ses presses et ses casses qu'il lui était interdit de prêter à qui que ce fût (2), imprimer « les Livres en beaux caractères, sur de bon papier, et bien corrects, avec le nom et la demeure du Libraire » qui faisait les frais de l'impression (3), demeurer dans le quartier de l'Université de Paris (4) et « mettre sur sa porte un Écriteau ou Tableau portant qu'il tenait Imprimerie (5) ». Enfin toutes les imprimeries étaient visitées tous les trois mois au moins, par les syndic et adjoints qui s'assuraient que toutes ces prescriptions étaient bien observées (6).

Cette surveillance continuelle, cette réglementation à outrance auraient pu être un puissant auxiliaire à l'organisation de la censure, s'il avait été possible de l'appliquer sérieusement. Mais les moyens d'y échapper étaient trop nombreux et le désir en était trop grand et trop général pour que les abus ne pussent facilement s'y glisser. Aussi l'imprimerie de Paris tomba-t-elle dans une profonde décadence. « On n'imprime plus à Paris... disait Mercier (7). Les presses de Paris ne devraient plus servir que pour les affiches, les billets de mariage et les billets d'enterrement. Les almanachs sont déjà trop relevés et l'inquisition les épluche et les examine. »

II

Le moyen le plus simple et le plus communément employé par un auteur désireux d'échapper tant à la censure qu'aux formalités et à la surveillance auxquelles étaient soumises les imprimeries

(1) Caractères Romains avec leurs Italiques depuis le Gros-Canon jusqu'au Petit-Texte, *Ibid.*, p. 208.

(2) *Ibid.*, p. 209.

(3) *Ibid.*, p. 88.

(4) Ce quartier était ainsi déterminé : Le pont Saint-Michel et la rue de la Huchette et la rue de la Bucherie jusqu'à la rue du Fouarre, rue Galande, place Maubert, rue du Murier, rue Saint-Victor, quay de la Tournelle, Montagne Sainte-Geneviève jusqu'à la rue Bordet, rue des Prêtres-Saint-Etienne-du-Mont, carré de Saint-Etienne, rue Saint-Etienne des Gris, rue Saint-Jacque jusqu'aux Jacobins, rue des Cordiers, place de Sorbonne, rue de la Harpe, rue des Cordeliers, rue de la Bouclerie, carrefour du Pont-Saint-Michel, rue Saint-André-des-Arcs, quay des Augustins jusques et y compris la rue Dauphine, quay Malaquais jusques et y compris les Pavillons dépendans du Collège Mazarin et au dedans de toutes les rues enfermées dans l'enceinte de celles ci-dessus désignées. *Ibid*, p. 98.

(5) *Ibid.*, p. 105.

(6) *Ibid.*, p. 211 et 267 sqq.

(7) Mercier, *Tableau de Paris*, I, 188.

françaises, était de confier son manuscrit à quelque imprimeur étranger.

On sait combien florissant était au dix-huitième siècle le commerce des livres défendus en Hollande et en Suisse. Ces deux petits pays républicains et protestants, refuges des libertés politiques et religieuses, étaient devenus d'actifs foyers des productions philosophiques et libertines. « Le débit de la librairie est prodigieux en France, disait Rousseau (1), presque aussi grand que dans le reste de l'Europe entière. En Hollande, il est presque nul. Au contraire il s'imprime proportionnellement plus de livres en Hollande qu'en France. Ainsi l'on pourrait dire, à quelque égard, que la consommation est en France et la production en Hollande ». Cette coutume était si invétérée qu'elle causait un préjudice considérable au commerce français ; et ce fut un des soucis constants des Directeurs de la librairie que de tâcher de réduire le plus possible les inconvénients qui en résultaient pour les libraires de France.

C'était une des considérations qui avaient le plus de poids pour engager l'administration à autoriser en France l'impression de tel ouvrage dangereux. On était sûr que le livre défendu serait imprimé à l'étranger, et nous verrons plus loin qu'il était presque impossible d'en interdire rigoureusement l'entrée en France. Autant valait alors tolérer l'édition française. A une époque où le protectionnisme était si en faveur, il paraissait étrange de voir cette sorte de prime donnée aux imprimeurs étrangers, qui faisait pencher à notre désavantage la fameuse balance du commerce. Aussi quand on montrait au ministre « la différence qu'il y avait d'un commerce d'argent à papier ou de papier à argent » et le tort que causaient aux imprimeurs français ces éditions étrangères, il arrivait souvent qu'il se laissât toucher par cet argument et que, comme pour l'édition de Bayle, il donnât l'autorisation d'imprimer en France (2).

Mais ces autorisations n'étaient pas si fréquentes qu'elles ne permissent aux libraires étrangers de faire de beaux bénéfices. Plusieurs s'acquirent une sorte de célébrité par leurs rapports avec nos plus grands écrivains, et gagnèrent leurs fortunes à imprimer leurs ouvrages.

(1) A M. de Malesherbes, 5 Nov. 1760, t. VII, p. 494.
(2) 22183, 62, et Did., *Lettre sur le comm. de la Libr.*, p. 65.

Il y avait en Flandre et en Hollande : Bassompierre à Liège, Pierre Rousseau de Toulouse, qui fonda et dirigea à Bouillon le *Journal encyclopédique* (1), Jean Néaulme qui fut le correspondant de Duchesne lors de la publication de la *Nouvelle Héloïse*, enfin Schneider qui demandait souvent des permissions à Malesherbes. En Allemagne Walther de Dresde édita les œuvres historiques de Voltaire vers 1755. En Suisse, Fauche était, à Neuchâtel, à la tête de la Société typographique qui acheta plusieurs manuscrits à Mirabeau, alors enfermé au château de Joux (2), et imprima beaucoup d'ouvrages philosophiques. Cette société fut sur le point d'éditer les *Œuvres complètes* de Rousseau en 1764. Elle passa, en 1772, avec un libraire de Paris, un traité, selon lequel ils se communiquaient réciproquement toutes les nouveautés (3). Ce Fauche est le père de Fauche-Borel, qui fut également libraire et qui laissa des mémoires sur la Révolution. A Lausanne, Grasset, qui fut un moment associé à Bousquet, eut beaucoup de rapports, souvent fort peu agréables, d'ailleurs, avec Voltaire. Il écrivait en 1761 à Malesherbes (4) : « Monseigneur, accablé de malheurs et d'infortunes occasionnés par l'animosité de M. de Voltaire, qui me poursuit partout depuis cinq ans consécutifs et qui vient enfin de me faire succomber sous les coups redoublés qu'il m'a portés auprès de quelques-uns de nos sénateurs qui ont la principale part dans le gouvernement sous lequel j'avais formé un établissement assez considérable, sans d'autres ressources que celles de mon industrie et de mon activité, je prends la liberté de vous écrire ces lignes... » Malesherbes le protégeait pourtant constamment, le dédommageant ainsi des persécutions de Voltaire (5).

Cependant aucune de ces maisons ne peut être comparée aux

(1) P. Rousseau n'était pas en trop mauvais termes avec la police française : il écrivait en 1764 la lettre suivante à l'inspecteur d'Hémery : « Je suis bien sensible, Monsieur, à l'intérêt que vous voulez bien prendre à ce qui me regarde ; je vous prie très instamment de me continuer vos bons offices. M. le duc de Bouillon a agi ouvertement auprès du ministre et de M. de Sartine et il me paraît que mes affaires ont pris une assez bonne tournure. » 22 125, 63.

(2) Fauche-Borel, *Mém.*, I, p. 25.

(3) 22109, 132.

(4) 22146, 9. Voir sur les rapports de Voltaire et de Grasset. Desnoiresterres *Voltaire et son temps*, t. V, p. 311-325. Grasset a laissé des mémoires manuscrits dont Gaullieur a fait usage dans ses *Etudes sur l'histoire littéraire de la Suisse française*. Gen., 1856, p. 215.

(5) Voltaire dut se réconcilier avec Grasset peu après cette lettre. Marin écrivait à Voltaire le 5 mai 1765 . « J'ai reçu des remerciements et des brochures du libraire Grasset. Assurément il sera protégé dès que vous avez des bontés pour lui. » (*Mercure de France*, 16 avril 1908, p. 638.)

deux grandes « manufactures » rivales, celle des Cramer, d'où sortirent, à partir de 1756, presque tous les ouvrages de Voltaire, et celle de Marc-Michel Rey, l'éditeur ordinaire de Rousseau et du baron d'Holbach.

Les Cramer étaient deux frères, Philibert et Gabriel. Ils furent mis en rapport avec Voltaire par Tronchin, le docteur, dont le frère était membre du Magnifique Conseil (1). Voltaire composait ses livres comme ses pièces de théâtre, en corrigeant perpétuellement. Il faisait imprimer à mesure qu'il rédigeait (2). Il lui fallait donc un libraire qui fût près de lui et qu'il pût surveiller et diriger continuellement. D'autant qu'il était assez difficile sur la présentation typographique de ses ouvrages. « Au nom du bon goût, écrivait-il un jour aux Cramer, Allobroges que vous êtes, forme moins large, marge plus grande pour la prose; que ces longues lignes pressées font un mauvais effet à l'œil. Ah! barbares! » (3) Mais les imprimeurs genevois finirent par satisfaire le goût du philosophe. Les lettres aux Cramer sont nombreuses dans la correspondance de Voltaire. Ils étaient d'ailleurs devenus les commensaux ordinaires de Ferney. Il est vrai que Philibert, bientôt enrichi, ne tardait pas à se retirer des affaires et devenait une manière de grand seigneur, ambassadeur de la République de Genève auprès du Roi très chrétien. Mais Gabriel restait fidèle au poste jusque dans les dernières années. Le seigneur de Ferney l'estimait autant pour ses talents d'acteur que pour ses bons services typographiques. C'était un parfait héros de tragédie, et il pouvait donner la réplique à Mme Denis (4). Il ne quitta les affaires que peu avant la mort de Voltaire, laissant en train une édition générale de ses *Œuvres* qu'il vendit à Panckoucke.

Une intimité semblable existait entre Rey et Rousseau (5). Leurs rapports furent toujours très cordiaux malgré de petites brouilles passagères, quand les épreuves ne venaient pas assez vite. Rey, qui était habile homme et assez honnête, voulut témoigner à Jean-Jacques sa reconnaissance de ce qu'il l'eût choisi pour son imprimeur, et il fit en 1762 une rente viagère de trois

(1) Tronchin leur donna, le 25 octobre 1756, une lettre d'introduction pour Malesherbes. Nouv. Acq., 3346, 212.

(2) Mme du Deffand à Walpole, 17 juin 1778, *Corresp.*, II, 655.

(3) Janv. 1761, n° 4424 de l'édition Moland.

(4) « Il était l'Orosmane de Mme Denis » dans *Zaïre*, dit Marmontel, *Mém.*, p. 224.

(5) La correspondance de Rousseau avec Rey a été publiée par G. Bosscha. Amst. et Paris, 1858, in-8°.

cents livres à Thérèse Levasseur (1). Le pauvre Rousseau en fut infiniment touché et en conserva toujours un souvenir attendri. Il était le parrain d'une des filles de Rey. C'est Malesherbes lui-même qui leur servait d'intermédiaire, curieux exemple de la tolérance, parfois excessive, du célèbre Directeur de la librairie et de sa sympathie pour les philosophes. Rousseau avait en effet bien vite abandonné toute idée de faire imprimer en France; et même, quand en 1757 le baron d'Holbach le pria de s'occuper de l'impression à Paris d'un de ses manuscrits, il refusa et engagea vivement Mme d'Epinay à ne s'en pas charger (2). D'Holbach, vite découragé, eut recours à Rey qui publia toutes ses œuvres. Il lui faisait parvenir ses manuscrits par l'intermédiaire discret du frère de Naigeon (3). Ce fut lui qui inonda la France, entre 1767 et 1772, de ce flot d'impiétés dont les hôtes du baron ou le baron lui-même étaient les auteurs.

Le gouvernement français ne fut pas sans s'émouvoir de ce foyer dangereux qu'il avait à ses portes et il chercha les moyens d'agir sur la petite République. A la fin du règne de Louis XV, on envoya comme ambassadeur auprès des États-Généraux le comte de Noailles, qui agit avec beaucoup d'habileté et de succès. Il réussit à empêcher plusieurs publications inquiétantes de paraître; et quand il fut envoyé à Londres en 1774, sans doute dans le but de poursuivre une œuvre semblable (car l'Angleterre devenait aussi un centre actif pour l'impression des pamphlets et des libelles), la république de Hollande « était presque aussi sage que Paris et se contenait surtout en politique au point de ne laisser paraître rien qui pût déplaire au ministère de France (4) ».

Le gouvernement demandait parfois des renseignements à des gens du pays qui faisaient ainsi une sorte de police occulte. Un prud'homme des environs de Liége se chargeait, en 1767, de surveiller les imprimeurs de cette ville et de prévenir le ministre français de ce qui pourrait paraître contre la religion ou l'État, et

(1) Voir les arrangements pour la constitution de cette rente dans Bosscha, *Lettres inédites de J.-J. Rousseau à M. M. Rey*, 1858, in-8°, p. 129-153.

(2) Diderot à J.-J. Rousseau, s. d., XIX, p. 439, *Mém. de Mme d'Epinay*, II, 337, et Lettre de Rousseau à Mme d'Epinay, 1757.

(3) Note de Naigeon le jeune citée par Damiron, *Mémoire sur l'histoire de la philosophie au dix-huitième siècle*, II, 381.

(4) *Mémoires secrets*, 7 février 1774, XXVII, 191.

le Sinode lui-même, sans doute également sollicité par la France, y faisait « des recherches très exactes pour découvrir la source de ces livres contre la religion (1) ».

On allait même jusqu'à poursuivre les auteurs plus ou moins recommandables qui se réfugiaient en Hollande et s'y mettaient aux gages des libraires pour pouvoir écrire en toute tranquillité leurs pamphlets ou leurs ouvrages philosophiques (2). Chevrier, l'auteur du *Testament politique du Maréchal de Belle-Isle* et de quelques petits livres licencieux, comme *le Colporteur* et la *Vie du P. Norbert*, s'était retiré en Hollande, et on pensait sérieusement à Paris, en 1762, à demander son extradition, quand il mourut (3). On avait déjà vu d'ailleurs les États-Généraux faire arrêter des Français réfugiés en Hollande et les livrer à « des préposés chargés d'ordres du Roi qui les amenèrent à la Bastille ou à Vincennes (4) ». En 1754, notre ambassadeur à Amsterdam réussit lui-même à y faire arrêter Fougère de Montbron (5).

Enfin il arrivait que la police royale se transportât sur les lieux mêmes pour saisir les mauvais livres. En 1764 l'inspecteur d'Hémery fut envoyé à Bouillon pour y faire une perquisition : c'était une petite ville « size près de Sedan, dans le duché de Luxembourg », lieu de franchise sous la souveraineté du prince de Turenne. Il était accompagné d'une compagnie du régiment de grenadiers d'Enghien. Il trouva chez Trousseau, qui imprimait pour Bassompierre, quantité d'exemplaires de la *Tolérance*, du *Dictionnaire philosophique*, de *la Pucelle* et de beaucoup d'autres livres prohibés (6). En 1772, Sartine l'envoya encore à Bouillon avec le commissaire Chenu, sans aucune explication. C'est seulement quand ils furent arrivés à Sedan, à soixante lieues de Paris, qu'ils apprirent que leur mission était de faire une visite dans les imprimeries de la ville, où l'on imprimait plusieurs livres dangereux. Ils trouvèrent un détachement de cinq cents hommes sous les armes qui les accompagna jusqu'à Bouillon. Après quelque résistance, le magistrat de cette ville leur en ouvrit les portes, non sans protester ; et ils firent une perquisition qui aboutit à plusieurs saisies et arrestations. Les imprimeurs jugés coupables

(1) *Arch. de la Bast.* (Bibl. de l'Ars.), 10303, 310.
(2) Robinet, l'auteur de *La Nature*, et Castilhon s'étaient ainsi établis à Bouillon.
(3) *Arch. de la Bast.*, XII, 463-465.
(4) *Ibid.*
(5) *Ibid.*, XVI, 324.
(6) 22096, 94.

furent conduits à Paris et mis à la Bastille. Cependant le duc de la Vrillière, de Fontainebleau où était la cour, avait tout simplement écrit au prince de Turenne en le prévenant que le roi avait jugé à propos de faire faire cette visite (1).

La police royale surveillait aussi de très près les imprimeurs clandestins qui étaient installés à Avignon. Car il n'y avait nulle part plus d'abus que dans cet État pontifical (2). « On sera peut-être surpris, disait un Mémoire (3), qu'on ose imprimer de pareilles infamies (*le Portier des Chartreux* et *Thérèse philosophe*) dans un gouvernement ecclésiastique et sous les yeux de l'Inquisition ; mais on cessera de l'être lorsqu'on saura que sous ce gouvernement despotique pour le peuple, la noblesse y est indépendante et despote à son tour, que les plus grands seigneurs d'Avignon autorisent les imprimeurs qui font ce genre de commerce à monter des presses dans leurs maisons et que là ils peuvent tout faire impunément sans craindre l'inquisition ni le gouvernement. » Il n'y avait pas de censure proprement dite à Avignon ; « les permissions étaient accordées par une cour de prélats à Rome qui ne refusaient jamais rien et se faisaient payer une très légère somme » (4). Mais, dès que ces livres étaient entrés en France, on tentait de les saisir.

Leur grand débouché était la foire de Beaucaire qui attirait encore beaucoup de monde à cette époque. Des colporteurs (5) et des gens sans qualité profitaient du mouvement qu'elle provoquait pour introduire dans le royaume par des voies détournées les livres prohibés imprimés à Avignon, de sorte que la foire de Beaucaire devint un marché de livres défendus ou contrefaits. Le gouvernement royal s'en préoccupa et y envoya à plusieurs reprises des libraires ou des inspecteurs de police (6). En 1766, d'Hémery fut chargé d'y faire une visite qui fut assez fructueuse : sur cent trente-quatre ballots appartenant à cinq libraires d'Avignon, il en saisit quarante-huit contenant quatre cents volumes contre la religion et les bonnes mœurs (7).

(1) Hardy, II, p. 114.
(2) En 1767, il y avait trente imprimeries très occupées à Avignon. Did., *Lettre sur le commerce de la librairie*, p. 55.
(3) 21834, 101.
(4) 22124, 115.
(5) « Plus de cinq cents colporteurs vont régulièrement se fournir de livres à Avignon. » 22124, 115, cf. 22127, 29, 100, 101 ; 22128.
(6) 22075, 83, cf. 22159, 58.
(7) 22098, 27.

Ces imprimeries d'Avignon étaient donc d'autant plus dangereuses qu'il était plus facile de faire entrer des livres du Comtat en France.

III

Car, une fois les livres imprimés à l'étranger, il fallait encore les faire parvenir à destination ; et la chose n'était pas toujours simple ; ici encore la réglementation était sévère :

« Tous les Libraires, ou autres personnes de quelque qualité et condition qu'elles soient sans aucune exception, qui feront venir à Paris des Livres imprimés... dans les Pays Etrangers, seront tenus de les faire apporter dans la Chambre Syndicale de la Communauté au même état qu'ils seront arrivés ; et ne pourront les retirer de la Douane, des Voituriers par terre ou par eau, et des Messagers, sans un billet du Syndic ou de deux de ses Adjoints (1)...

» Défend Sa Majesté à tous Syndics et Adjoints, Gardes et autres Officiers des Communautés des Libraires et Imprimeurs des Villes des Provinces du Royaume, ensemble à tous Directeurs, Commis, Gardes, Inspecteurs et autres Employés dans les Douanes, Romaines et Bureaux, d'ouvrir ni visiter aucunes Balles, Ballots, Caisses ou Paquets de Livres, venans des Pays Etrangers... en la Ville de Paris, et de les arrêter dans leurs routes ; ains leur enjoint de les laisser passer avec Acquits à Caution jusqu'au lieu de leur destination ; à l'effet de quoi les Voituriers, qui seront chargés des Balles ou Paquets de Livres seront tenus de prendre ledit Acquit à Caution... dans les premiers Bureaux d'Entrées du Royaume ;... dans lequel Bureau lesdits Ballots ou Paquets seront plombés par les Commis des Fermes de Sa Majesté, et les Voituriers y feront sur le Registre des Acquits à Caution, leurs soumissions par lesquelles ils s'obligeront, ou feront pour eux obliger personnes solvables, de représenter au Bureau de la Douane de la Ville de Paris, les dits Ballots ou Paquets plombés, et de rapporter au plus tard dans deux mois un Certificat qui sera écrit au dos dudit Acquit à Caution, portant que lesdits Ballots ou Paquets y ont été représentés et remis ès mains des Syndic et Adjoints de ladite Ville, qui mettront pareillement sur lesdits Acquits à Caution, leur Certificat que lesdites Balles, Ballots ou Paquets ont été

(1) Saugrain, p. 21?.

portés en leur Chambre Syndicale. Veut que tous les Livres et Livrets qui viendront des Pays Etrangers ne puissent entrer dans le Royaume que par les Villes de Paris, Rouen, Nantes, Bordeaux, Marseille, Lyon, Strasbourg, Metz, Amiens et Lille. Fait défenses à toutes sortes de personnes de les traduire par aucunes autres Villes, ni par aucun autre Bureau ou Passage à peine de confiscation (1). » Ces règles s'appliquaient à l'entrée des livres en France à quelque ville qu'on les adressât, Paris ou villes de province.

Mais en 1777 le nombre des chambres syndicales fut augmenté, et on les autorisa toutes à décharger les acquits à caution. Les ballots y étaient visités par des commis aux traites ; et là où il n'y en avait pas, « la formule même de ces acquits à caution donnait aux juges, échevins et syndics des lieux où les livres étaient adressés la faculté de les décharger (2). » Il était donc aisé de trouver un compère qui servait d'entrepositaire (3). En 1783, les abus étaient si grands qu'un ordre du roi enjoignait aux Directeurs provinciaux des fermes d'adresser à Paris tous les ballots qui entraient en France. Mais ce nouveau procédé n'empêcha nullement la fraude, et le syndic de la librairie de Lyon remarquait au moment où fut promulgué l'arrêt, qu'il ne serait pas mieux observé que celui de 1744 (4).

On pouvait en effet : « 1° ou bien faire passer les ballots de nuit aux frontières ou par surprise en éludant les bureaux des fermes ; 2° ou les faire passer par les bureaux mêmes au moyen d'une fausse déclaration en déguisant ou enveloppant les livres par d'autres marchandises ; 3° ou encore séduire quelque employé par l'appât du gain ou par quelques autres considérations » ; et on ne se faisait pas faute d'employer journellement ces trois moyens. Même si la balle était régulièrement entrée et plombée, on pouvait encore frauder la loi, soit en déchargeant l'acquit à caution par de fausses signatures, soit en faisant une substitution de paquets, en route, avec l'accord du voiturier, à la douane ou à la Chambre syndicale (5).

(1) Saugrain, p. 300.
(2) Manuel, *Police de Paris dévoilée*. I, 26, cf. 21833, 100.
(3) Ainsi la ville de Sedan où il n'y avait pas de Chambre syndicale était devenue un entrepôt pour les livres imprimés à Liége et en Hollande. 22129, 103.
(4) 21833, 107.
(5) *Ibid.*

L'appât du gain était assez grand pour que de pauvres hères courussent quelque risque à transporter des livres défendus. On faisait la contrebande des livres de même que les autres contrebandes et souvent en même temps. Delorme, un colporteur qui était en relation constante avec Boubers, libraire de Dunkerque, et avait un dépôt à Versailles, faisait ainsi passer en fraude de Hollande en France, les bas, les chapeaux et les mauvais livres (1).

Ces colporteurs passaient les fleuves et les rivières à la nage. « Ils auraient bien pu trouver des chemins et des routes droites; mais sur ces routes, ils trouvaient des entraves (2). » Aussi avaient-ils recours à divers stratagèmes.

« Ces stratagèmes, explique le libraire Guy, enfermé à la Bastille en 1767 (3), ne s'emploient qu'aux frontières depuis Strasbourg jusqu'à Dunkerque; cela se pratique en général par ces gens qu'on appelle porte-balles; quand ils ont une fois franchi la ligne des frontières, ils prennent moins de précautions; ils tâchent seulement, en serpentant, d'éviter les grandes douanes de Sainte-Menou à l'entrée de la Champagne, de Péronne dans la Picardie; et cette façon d'éviter la grande route leur procure le moyen d'aller offrir leurs services aux seigneurs des châteaux, qui se trouvent répandus dans la campagne et qui leur servent souvent de premiers entrepôts et insensiblement ils approchent du voisinage de la cour et de la ville pour en faire la circulation ordinaire. Voilà d'abord une partie de ces gens qui ne s'occupent qu'à cela, soit pour leur propre compte, soit pour celui de quelque marchand qui leur paie la commission.

» Vous avez après, les courriers qui, à leur tour, font le cabotage de terre.

» Vous avez, mais en très grand nombre, des voyageurs qui ont chaises et malles à double fond, qui, se trouvant dans ces pays de liberté, achètent pour eux, pour leurs parents, leurs amis, etc., et mille autres ruses que l'on met en usage, car je n'en finirais pas.

» Au midi, les Avignonnais sont bien entourés de douanes, qui sont les barrières tant sur la Durance qu'à Villeneuve-lès-Avignon; mais on trouve encore les moyens de tromper la vigi-

(1) Nouv. Acq., 1214, 511.
(2) 22123, 22.
(3) *Ibid.* C'est à cause des *Mémoires* de La Chalotais que Guy, qui avait déjà vendu le *Contrat social* et les *Lettres de la Montagne*, fut mis à la Bastille. Lettre de Rousseau à Du Peyrou, 2 avril 1767.

lance des commis; d'ailleurs, ceux-ci ne sont pas bien ardents après les livres, il n'y a rien à faire là, ce n'est pas comme du tabac ou du sel; veut-on donc envoyer en Provence et éviter la visite qui est toujours ennuyeuse, on côtoie les bords de la Durance par quelques bateaux de pêcheurs jusqu'à ce que l'on trouve un rivage propre à se jeter dans les terres. Pareillement, pour aller du côté du Languedoc, on descend le Rhône jusqu'à Tarascon ou Arles; de même, on le remonte à la suite de ces gros bateaux qui portent les marchandises de la Méditerranée à Lyon. Le moment favorable, soit du côté du Dauphiné, soit du Vivarais, se présente pour y débarquer ce que l'on veut et on se répand çà et là dans toutes les petites villes, et d'autant plus aisément que les commis des fermes n'y font aucune attention, parce que ce n'est pas de leur gibier...

» Enfin, ces marchandises arrivent par tous ces petits ports de mer de l'Océan et de la Méditerranée, et sont portées souvent par ces bâtiments qui font le cabotage depuis Ostende jusqu'à Bayonne dans l'Océan et depuis Nice jusqu'aux frontières du Roussillon dans la Méditerranée, les premiers ce qui vient de Hollande et de la Basse-Allemagne, ainsi que de la Flandre, les autres quelque peu d'Italie, de Suisse, du pays de Genève et d'Avignon par l'embouchure du Rhône. Les seuls ports de Cette et Agde sont les plus fréquents pour le Languedoc, la Gascogne. Le Rhône leur est d'un grand secours; on y embarque les marchandises de la Suisse comme Lauzanne, Neufchâtel; en passant à Lyon, on y charge aussi; pareillement à Avignon, et les marchandises sont conduites ainsi jusqu'à Arles ou Tarascon, pour être ensuite mises à bord de tartannes qui débouchent le (*sic*) fleuve et vont mouiller à Cette ou Agde pour après monter le canal royal qui va joindre la Garonne à Toulouse, qui conduit jusqu'à Bordeaux, etc. La Suisse, Gênes et Avignon font un commerce si considérable de tous ces côtés-là par l'occasion du Rhône, que Rigaud de Montpellier à lui seul tire de ces pays-là pour cinquante ou soixante mille livres. Que l'on juge des autres! »

On voit que, grâce aux facilités que procurait le Rhône, les imprimeurs d'Avignon étaient les mieux placés pour faire entrer leurs livres en France. Ils les avaient d'abord fait passer par des chambres peu surveillées, comme celle de Montpellier qu'ils soudoyaient; ou bien ils avaient mis de fausses estampilles; puis, quand Néville les obligea, en 1780, à adresser leurs envois à la

Chambre syndicale de Nîmes, ils embarquèrent leurs balles nuitamment sur le Rhône en faisant de fausses lettres de voiture datées du Languedoc. La fraude continua même quand intervint un Concordat qui déclara la librairie d'Avignon régie par les mêmes lois que la librairie française (1).

Il y avait ainsi quantité de gens qui couraient les provinces pour y introduire et y répandre « les mauvais livres ». Des libraires de province ou des marchands forains faisaient un commerce régulier avec les imprimeurs étrangers (2).

Deux marchands forains, Lelong et Lainé, s'étaient même associés pour vendre en France les livres qui paraissaient chez Bassompierre à Liége. Ils avaient pris à leur service un certain Malpasse, qui demeurait aux environs de Charleville et qui se chargeait de faire entrer les ballots par la frontière, dont il connaissait parfaitement tous les détours. Une fois les livres introduits en France, ils les répandaient chacun dans une province; Lelong se réservait les environs de Paris, et Lainé la Normandie. Un autre, Picaut, faisait le même commerce du côté de Villers-Cotterets et de Soissons, et un quatrième demeurait à Béthune et courait perpétuellement la Flandre (3).

Quelques-uns de ces marchands forains, comme Alexis Marais, se faisaient même tout simplement envoyer de Belgique les ballots de livres prohibés par les courriers ordinaires chez un aubergiste de Hesdin en Artois (4).

Quant aux libraires, ils avaient des correspondances suivies avec les imprimeurs étrangers. Noël Gilles, qui étalait toutes sortes de livres défendus à la foire de Montargis, se faisait constamment adresser de Suisse des ballots dans « divers petits endroits » de province, surtout à Orléans, d'où il les faisait ensuite venir pour la foire (5).

Cazin, libraire à Reims, était en relations suivies avec P. Rousseau, de Bouillon, qui lui adressait constamment des lettres comme celle-ci (6) : « A l'égard des nouveautés que vous voudriez avoir des pays étrangers, le sieur Weissembruck, directeur de mon bureau, pourra vous les procurer assez commodément, y ayant ici

(1) 21834, 101.
(2) Nouv. Acq., 1214, 489.
(3) Nouv. Acq., 1214, 602, cf. Nouv. Acq., 1214, 488, et 22096, 122.
(4) *Arch. de la Bastille* (Bibl. de l'Ars.), 10.303, 334. cf. 22096, 122, et 22097, 56.
(5) 22081, 194.
(6) Lettre du 12 avril 1760, 22096, 111.

un messager, qui va directement à Charleville sans passer par Sedan ni Torcy; si vous trouvez un moyen pour éviter la Chambre syndicale de votre ville, il sera aisé de faire quelques affaires, il y a même des choses qu'on pourrait entreprendre en société. » Une fois qu'il avait reçu ces livres, il en « empoisonnait tout le royaume » et les envoyait surtout dans les cabarets des environs de Paris, où les colporteurs venaient les chercher (1).

La veuve Stockdorf, qui avait à Strasbourg une boutique de librairie où elle vendait des livres d'étude allemands et donnait à lire les journaux, faisait aussi le commerce des livres prohibés. Elle les recevait de Helstein, libraire de Francfort, ou de Dufour, libraire de Maëstricht, qui les lui envoyaient par des Juifs allemands ou par la diligence en petits paquets (car les gros seuls étaient visités à la Chambre syndicale). Elle les envoyait ensuite à Paris, en les faisant passer de Lorraine en France tout simplement par le carrosse de Strasbourg ou par des contrebandiers du Barrois « qui amenaient des avoines de la Lorraine et s'en retournaient, chargés de tabac et autres marchandises de contrebande ». Ces hommes remettaient eux-mêmes les paquets aux adresses désignées à Paris (2).

Enfin les imprimeurs étrangers se chargeaient bien eux-mêmes de placer directement leurs marchandises.

Gabriel Cramer fit à Paris plusieurs séjours. D'ailleurs son frère Philibert, « le prince », comme l'appelait Voltaire, y résidait, étant représentant de la République de Genève auprès du gouvernement français. Rey fit aussi plusieurs voyages à Paris et vint voir Rousseau pour s'entendre avec lui au sujet de l'impression de ses livres. Mais surtout d'autres libraires, moins importants et qui avaient des associés, faisaient de véritables voyages d'affaires. C'est ainsi que Grasset, partant pour l'Espagne, allait voir en passant quelques clients de France. Fauche le fils était également envoyé par son père pour se mettre en relations avec les libraires français. Enfin Mallet, son associé, entreprenait en 1773 un grand voyage à Lausanne, Genève, Lyon, Paris, Versailles, Dôle, Dijon, Besançon. Il y visitait tous ses correspondants, et il leur faisait adresser lui-même les livres prohibés qu'ils désiraient. Parfois les balles étaient bien saisies à quelque

(1) *Ibid.*
(2) *Archives de la Bastille*, XII, 398.

chambre syndicale, mais souvent, ses correspondants étant eux-mêmes membres desdites chambres, les ouvrages défendus leur parvenaient sans difficulté; et ceux qui étaient établis dans les villes frontières se mettaient même à la disposition de Mallet pour favoriser le passage de ses ballots. Ce voyage fructueux finit à la Bastille. Mais Mallet ne dut pas y rester longtemps; car il fut très bien reçu de Monseigneur (le chancelier sans doute), il lui adressa un mémoire attendrissant où il affirmait naïvement n'avoir jamais lu aucun des livres qu'on lui reprochait d'avoir vendus et où il suppliait « au nom de l'Etre Suprême » qu'on eût quelque égard « pour sa petite famille » (1).

IV

Mais ces impressions faites en Hollande ou en Suisse étaient forcément plus longues, plus coûteuses et n'étaient pas exemptes de tout risque, puisque les ballots venant de l'étranger passaient toujours à la douane et aux chambres syndicales des villes frontières ou des villes de destination. Aussi avait-on parfois avantage à faire imprimer en France. Il se trouvait tant de gens pour lire et pour acheter tous ces ouvrages philosophiques, jansénistes ou licencieux, que l'appât d'un gain certain faisait souvent courir le risque d'une imprimerie clandestine.

Il y en avait plusieurs en province. Les deux villes qui imprimaient ainsi le plus de livres défendus étaient Lyon et Rouen. La raison en est évidente. Ces livres imprimés secrètement en France paraissaient généralement avec une fausse indication du lieu d'origine. C'est un fait bien connu qu'un grand nombre des livres qui portaient la mention Genève ou Amsterdam étaient imprimés en France. Ordinairement on mettait cette désignation de pays mensongère, sans préciser autrement. Il est même possible qu'on ait parfois inventé des noms de prétendus éditeurs hollandais. La chose aurait cependant besoin d'être prouvée. En tous cas, Arkstée et Merkus qu'on a soupçonnés de n'avoir jamais existé, étaient bien des libraires d'Amsterdam; ils écrivirent en 1758 à Malesherbes (2).

(1) 22046, 40.

(2) 22191, 90; et Saillant écrit à Malesherbes le 24 nov. 1745 : « M. Merkus d'Amsterdam nous a écrit ces jours-ci que Gosse en faisait une édition » (de *la Guerre de* 1741 de Voltaire). Nouv. Acq., 3346, 102.

A Rouen (1) trois imprimeurs s'étaient spécialisés « dans le genre de prohibé » : Besongne, Pierre Machuel et son cousin Robert. Ce fut Robert Machuel qui fit en 1764 une édition à quinze cents exemplaires, de la *Tolérance* de Voltaire. Il avait déjà été déchu de sa maîtrise par arrêt du Conseil du 30 janvier 1753 pour l'impression d'un mauvais livre. L'autre, Pierre, vit sa boutique fermée pendant six mois pour une affaire semblable (2). Besongne et Machuel, ainsi poursuivis et condamnés vers 1750, étaient tolérés et protégés par le gouvernement vingt-cinq ans plus tard. Dans une perquisition, que faisaient les inspecteurs Goupil et Chenon, en 1775, ils étaient épargnés sur les ordres du lieutenant de police Le Noir, qui savait que le Garde des Sceaux les connaissait (3). Ils avaient recours à des colporteurs pour faire passer leurs livres à Paris et les y vendre, et étaient ainsi en relations suivies avec le colporteur Personne, qui demeurait près l'église Saint-Hilaire, Montagne Sainte-Geneviève, et qui avait chez eux des comptes courants. Ils lui fournissaient constamment des ouvrages prohibés imprimés par eux ou imprimés en Hollande et qui passaient par Rouen. Personne recevait en 1763-1764 des *Contes moraux*, des *Héloïse*, des *Émile*, des *Contrat social*, des *Colporteur* (de Chevrier), des *Almanach des gens d'esprit*, des *Œuvres* de Grécourt. C'était le courrier qui portait régulièrement les ballots et qui touchait l'argent pour Machuel et Besongne (4). Le commerce des livres entre Rouen et Paris était pourtant tout particulièrement réglementé; il devait se faire uniquement par voie d'eau, d'après un arrêt de 1741, et un inspecteur était spécialement chargé de le surveiller (5). Mais cet inspecteur ne pouvait empêcher qu'on ne débarquât fréquemment au Pecq, des ballots de livres prohibés qui étaient destinés à la région des châteaux royaux de Versailles, Marly,

(1) Les presses y étaient généralement installées au dernier étage des maisons ; et des signaux ou des sonnettes permettaient de prévenir les ouvriers quand la police arrivait à l'improviste pour faire une visite. 22129, 70.

(2) Nous ne parlons pas de l'imprimerie de Jorre, qui fut surtout connue au début du siècle.

(3) Le Garde des Sceaux était alors Miromesnil qui avait été longtemps Premier président au Parlement de Rouen et avait eu ainsi l'occasion de faire connaissance avec les deux imprimeurs clandestins. — (*Bast. dévoilée*, 16 et 119, 25). C'est Miromesnil, ainsi que La Bourdonnaye, qui déjà en 1753 avait intercédé auprès de Malesherbes pour que R. Machuel pût rouvrir sa boutique. (22075, 32-39.)

(4) *Arch. de Bast.*, XII, 229.

(5) Coyecque, *Catalogue de la collection Anisset-Duperron*. Introduction.

Saint-Germain. On fut même obligé, en 1744, d'y créer une place d'inspecteur général (1).

A Lyon il y avait Renault, à qui Ravinet demandait en 1765 des *Lettres de la Montagne*, lesquelles, à vrai dire, n'étaient pas imprimées à Lyon. « Je n'ai pas oublié, lui disait-il, les difficultés que vous m'avez objectées dans votre dernière touchant les fréquentes visites que l'on faisait dans votre ville, mais cela n'empêche pas que tous nos confrères de Versailles et de Paris ne reçoivent de Lyon toutes ces sortes de marchandises.... Vous tirez à Rouen des marchandises en échange pour les vôtres: demandez-en (des *Lettres de la Montagne*) et vous les enverrez avec les *Clovis* (2). » Il y avait aussi Réguillat, qui fut destitué en 1767 pour « impression de livres contraires à la religion, à l'Etat et aux bonnes mœurs ». Cette condamnation l'émut cependant assez peu ; le jour où l'arrêt fut publié il affecta de paraître partout joyeux; le lendemain il vendit ses livres à l'amiable et au rabais (3). Bruyset qui donnait à d'Hémery ces renseignements sur son compte n'était pas d'ailleurs à l'abri de tout soupçon. C'était un compatriote et un ami de Morellet, qui le chargea de faire imprimer plusieurs de ses ouvrages, notamment sa *Vision de Palissot* et ses *Si* et *Pourquoi*(4). Enfin, un certain Chevalier, négociant de Lyon qui habitait à Paris au Palais-Royal, envoyait régulièrement à Lyon des libelles pour qu'on les y imprimât (5).

Il y avait encore à Provins un autre imprimeur clandestin assez célèbre, Michelin, qui rendit de grands services aux philosophes et qui était très adroit pour donner des éditions contrefaites de tous les ouvrages condamnés. C'est ainsi qu'en 1758 il imprima à deux mille cinq cents exemplaires l'*Esprit* d'Helvétius, qui venait d'être condamné; l'année suivante, il concluait plusieurs affaires avec les colporteurs Prudent, Kolman et Lécuyer: il leur tirait huit cents exemplaires de l'*Oracle des anciens fidèles* dont ils lui fournissaient le manuscrit; il imprimait encore la *Préface ou la Vision de Palissot*, le *Pauvre Diable*, *Irus* ou *le Savetier du coin*, l'*Epître du Diable*, qui avaient déjà paru, puis un manuscrit intitulé *Moyens de rendre les religieuses utiles et de nous*

(1) Delalain, *Chronique de la Bibliog. de la France*, 1909, p. 114.
(2) 22081, 122
(3) 22098, 68.
(4) Bruyset les fit imprimer à Genève, puis les envoya à Morellet.
(5) *Archives de la Bastille*, XVII, 283.

exempter de payer des dots (1). Il faisait généralement des éditions « à la hollandaise », c'est-à-dire sans privilège, ni nom d'imprimeur ou avec un faux nom d'imprimeur (2).

A Saint-Malo, il y avait un certain Hovius qui se chargeait, en 1770, d'imprimer les *Mémoires* de La Chalotais (3).

Ces imprimeurs de province devenaient enfin de véritables entrepositaires de livres prohibés. Car on avait coutume au dix-huitième siècle de faire des affaires « en change », c'est-à-dire que Besongne ou Machuel, par exemple, envoyaient à Rey ou à Bassompierre les ouvrages qu'ils imprimaient et recevaient en échange ceux qui étaient imprimés en Hollande. Ils pouvaient ainsi fournir leurs correspondants, les colporteurs de Paris, non seulement de leurs propres marchandises, mais aussi des ouvrages les plus défendus sortis des presses étrangères (4).

C'est ainsi que le réseau se resserrait tout autour de la capitale. Soit qu'ils aient été imprimés à l'étranger et qu'ils aient de là été introduits frauduleusement en France, soit qu'ils aient été imprimés en province, les livres défendus parvenaient en somme assez facilement aux portes de Paris. Voyons maintenant comment ils y entraient.

(1) 22094, 64. C'est l'interrogatoire de Michelin par Rochebrune, 1761.
(2) L'*Esprit* portait : à la Haye, par Pierre Moetjens.
(3) Lettres de cachet, 4883.
(4) *Archives de la Bastille*, XII, 229.

Une Imprimerie.

CHAPITRE III

PARIS. L'ENTRÉE DES LIVRES. LES IMPRIMERIES CLANDESTINES.

I. Réglementation pour l'entrée des livres à Paris. — II. Les fraudes; les entrées en contrebande; les entrepôts aux environs de Paris; différents moyens de franchir les barrières de l'octroi. — III. Les imprimeries clandestines; les compagnons imprimeurs, les colporteurs, les libraires de Paris.

I

Paris était au dix-huitième siècle, comme il l'a toujours été, le centre intellectuel de la France. Si certains auteurs, comme Voltaire ou Rousseau, étaient obligés pour leur sécurité de vivre loin de Paris, si ceux-là même qui y vivaient étaient forcés de faire souvent imprimer leurs ouvrages à l'étranger ou en province, c'était à Paris que finissait toujours par arriver la plus grande quantité de ces innombrables livres défendus, philosophiques ou licencieux; c'était à Paris qu'il importait le plus qu'un ouvrage nouveau se répandît; c'était par le retentissement qu'il avait à Paris que son succès était consacré.

Mais la circulation des livres en France n'était rien moins que libre. « Le commerce des pensées est un peu interrompu en France, disait Voltaire en 1765 (1). On dit même qu'il n'est pas permis d'envoyer des idées de Lyon à Paris. On saisit les manufactures de l'esprit humain comme des étoffes défendues. C'est une plaisante politique de vouloir que les hommes soient des sots. »

Les précautions prises par le pouvoir royal pour fermer la capitale aux ouvrages dangereux étaient sévères et méticuleuses.

(1) Lettre à M. de Beaumont, du 13 janv. 1765, p. p. M. Caussy dans le *Correspondant*, 25 août 1911.

Nous avons déjà vu que tous les paquets de livres imprimés à l'étranger et adressés à Paris devaient passer à la Chambre syndicale, où trois officiers en charge les visitaient. Il en était de même pour ceux qui étaient imprimés en province. Voici ce que l'arrêt de 1723 disait expressément sur ce point :

« Défend Sa Majesté à tous Maîtres et Conducteurs de Carosses, Coches et Messagers, Chartiers, Rouliers et autres Voituriers, tant par eau que par terre, qui amèneront en cette Ville de Paris des Balles, Ballots ou Paquets de Livres ou Estampes, gros et petits..., comme aussi à leurs Facteurs, de les délivrer à leurs adresses, et même de les décharger aux environs de Paris ou ailleurs. Défend pareillement à toutes personnes de quelque qualité et condition qu'elles soient, de recevoir ni souffrir qu'il soit envoyé dans leurs maisons aucuns Livres ni Estampes, par entrepôt ni autrement. Veut qu'ils soient conduits directement à la Douane, ou délivrés sur le billet du Syndic ou de deux de ses Adjoints, pour être portés en la Chambre de la Communauté desdits Libraires et Imprimeurs, afin d'y être visités... (1) à peine contre les contrevenans de confiscation de leurs Bateaux, Coches, Carosses, Harnois et Chevaux, de mille livres d'amende, et de répondre en leurs propres et privés noms, tant des abus qui en pourront arriver que de tous dépens, dommages et intérêts envers les Libraires, même de punition exemplaire en cas de récidive... Fait pareillement défenses à tous Libraires, Imprimeurs, Fondeurs, et autres personnes de recevoir aucuns Livres ou Estampes, quand même ils se trouveraient mêlés avec d'autres Marchandises, s'ils n'ont été préalablement visités dans ladite Chambre, à peine de confiscation..., de trois mille livres d'amende et de tous dépens, dommages et intérêts (2). »

Ainsi tout ballot de Livres arrivant à Paris était porté de la barrière à un bureau de la douane, puis de la douane à la Chambre syndicale, où il était examiné. Ces visites étaient primitivement faites par les syndic et adjoints ; mais, comme ils ne s'y montraient sans doute pas assez scrupuleux, on leur adjoignit bientôt des commissaires du Châtelet et des exempts de police ; puis le roi nomma deux inspecteurs de la Chambre syndicale, en présence

(1) Les mss. 21909-21929 contiennent le registre de la douane de 1748 à 1791. Les jours de Chambre, le mardi et le vendredi, chaque balle de livres était délivrée au destinataire contre sa signature.

(2) Saugrain, p. 285.

desquels il devait être procédé à la visite et à l'examen des livres (1). Si les ballots contenaient quelque nouveauté, on en avisait le Directeur de la librairie (2). Mais la Chambre n'avait le droit de rien confisquer; elle ne pouvait que prévenir le Directeur (3). Celui-ci renvoyait alors l'ouvrage arrêté à un censeur (4), ou prenait immédiatement une décision. Souvent Malesherbes permettait qu'on en remît quelques exemplaires seulement au libraire à qui la balle était adressée, afin de pouvoir se rendre compte de l'effet que produirait le livre dans le public (5). Mais il pouvait aussi ordonner qu'on rendît les ballots suspendus à leurs destinataires (6) ou qu'on les renvoyât à leurs expéditeurs.

II

Ce principe de l'obligation de la visite à la Chambre syndicale comportait beaucoup d'exceptions pour les personnes que l'on voulait favoriser. La duchesse d'Aiguillon n'avait qu'à écrire à Malesherbes ce petit mot aimable : « J'ai l'honneur de vous prévenir, Monsieur, qu'il doit arriver à mon adresse une caisse de livres qui sans doute sera portée à la Chambre, je vous supplie de donner vos ordres pour qu'elle me soit remise, je serai très sensible à cette marque de bonté de votre part et suis très parfaitement votre très humble et très obéissante servante (7) », et on lui accordait la permission de ne subir la visite que chez elle. De même pour l'évêque de Tulle, le comte de Valentinois, la duchesse de Mazarin, la marquise de Villeroy et beaucoup

(1) Mal., *Mém. sur la libr.*, p. 212. Les mss. 21 932-21 934 contiennent le registre des livres saisis dans ces visites à la Chambre syndicale de 1771 à 1791.

(2) 22 141, 23 ; cf. 22 145, 100.

(3) Nouv. Acq., 1214, 385.

(4) 22 150, 138 ; cf. 22 142, 20. au sujet de *l'Anthropologie* du Mis de Gorini Corio imprimée par Bousquet, de Lausanne, et refusée à Paris.

(5) 22 145, 125.

(6) Les duplicata de ces ordres sont aux vol. 22 166-70 de la Collection Anisson. Ils sont ainsi conçus :

« Chambre Syndicale des libraires et imprimeurs.

« Etat de ce qui a été suspendu sur.... dans la visite du.... (titre du livre, nombre d'exemplaires).

« L'intention de M. le Chancelier est que les syndic et adjoints rendent à..... ce qui est contenu en l'état ci-dessus ; à la charge, par lesdits officiers, de donner aux inspecteurs de la Chambre un duplicata du présent ordre.

« Fait à Paris le.... *Signé :* (Malesherbes, 1759-1763 ; Sartine, 1763-1772).

« Pour copie collationnée conforme à l'original, le.... (*Signature de l'Adjoint*).

(7) 22 149, 118.

d'autres (1). Ou bien, si on faisait visiter les livres à la Chambre, on donnait ordre de ne les y examiner qu'en gros et rapidement (2); ou bien encore on faisait faire une visite spéciale et superficielle à la douane même (3).

Or les comtes et les duchesses à qui on donnait ces autorisations extraordinaires, n'étaient pas les derniers à favoriser la philosophie ou à goûter les romans licencieux et les pamphlets; et il est fort probable qu'on abusait de ces dispenses pour introduire à Paris des livres prohibés (4).

Il y avait encore bien d'autres moyens de se soustraire à la loi. « Il est inutile, dit Malesherbes dans son *Premier mémoire sur la librairie*, d'entrer dans le détail des expédients que le désir du gain peut suggérer pour tromper la police. L'expérience apprend qu'il y en a une infinité qu'aucune loi n'a pu prévoir et qui réussissent aux fraudeurs (5). » Un mémoire de 1759 (6) nous éclaire complètement sur ce point. Voici ce qu'il dit :

« Tout ce qui arrive aux barrières y est pour l'ordinaire conduit à la douane par un commis de la barrière qui est porteur d'un envoi ou bulletin contenant les différents articles dont il est conducteur. Ce commis, en arrivant à la douane, y donne et laisse ce bulletin à un des forts de la douane qui est de garde et s'en retourne, sans s'y arrêter ni donner le temps au fort qui sait à peine lire d'examiner s'il y a sur les voitures tous les articles contenus au bulletin; souvent même il s'en retourne que les voituriers sont encore dans la rue.

» Quand ce fort a reconnu à peu près les articles, il les marque de sa marque ainsi que le bulletin et les lettres de voiture, puis il va à un des bureaux les faire enregistrer par des commis qui ont deux registres pour y porter exactement toutes les marchandises qui arrivent à la douane. Mais ces commis se dispensent autant qu'ils peuvent d'enregistrer ce qui y arrive, soit par négligence, soit parce qu'ils ont dessein de rendre les marchandises directement aux propriétaires sans les visiter et qu'ils ne veulent laisser aucune trace de leur manœuvre.

(1) 22166.
(2) *Ibid.*
(3) Par exemple pour Bourgelat, ci-devant inspecteur de la librairie à Lyon, quand il fit venir sa bibliothèque à Paris en 1765 et pour plusieurs autres, *ibid.*
(4) 22166, 63, Lettre de Sartine à d'Hémery, 2 août 1765.
(5) P. 46.
(6) 22122, 44.

» On est dans l'usage à la douane de ne remettre à l'inspecteur aucun article de librairie que celui à qui il est adressé ne vienne le réclamer ; jusqu'à ce moment, tout ce qui est dans ce cas reste confondu avec les autres marchandises qui sont à la douane. Quand un particulier vient réclamer quelque ballot de librairie, il présente sa lettre d'avis à un des forts de la douane, qui, moyennant la marque qu'il a faite lorsque ce ballot a été apporté, le trouve et avertit un des commis voituriers qui en fait l'ouverture et qui voit s'il n'y a rien de contraire aux droits. Ensuite il le fait porter à l'inspecteur qui l'enregistre sur un registre paraphé par M. le lieutenant de police, qu'il a pour cet objet. Après quoi il le fait ficeler et plomber par un des forts qui, au lieu de le faire sur le champ, comme cela devrait être pour éviter les abus, remet souvent à le faire au lendemain.

» Les Mardis et Vendredis de chaque semaine, jours de Chambre, l'inspecteur de la douane envoie par les forts, qui ont une voiture pour cela, toute la librairie qu'on est venu réclamer et qui a été enregistrée depuis le dernier envoi ; il en fait un état sur des feuilles qu'il fournit, savoir : une à M. le Chancelier, une à M. le lieutenant de police, qui est pour les inspecteurs de la Chambre, et une aux forts de la douane qui conduisent la librairie à la Chambre et qui sert aux syndic et adjoints à vérifier si l'envoi est juste et à y mettre leur reçu pour la décharge de l'inspecteur de la douane à qui les forts la rapportent. Jamais les articles qui ont été rendus par ordre de M. le Chancelier ne sont portés sur aucune de ces trois feuilles, l'inspecteur se contentant d'en faire mention sur son registre et d'enliasser les ordres.

» Quelque fois il est arrivé des ballots de livres à l'adresse de l'inspecteur de la douane, qui les a fait enlever tout de suite, disant qu'il en avait une permission verbale, sans les enregistrer sur son registre ni faire mention de ladite permission ; un pareil ballot a été rendu, il y a environ deux ans, au sieur Duchesne, libraire, et la plupart des livres étaient pour l'inspecteur de la douane...

» Tous ces abus prouvent que les commis des barrières qui conduisent les livres à la douane, le fort qui les reçoit, les commis des fermes qui doivent les enregistrer à la douane et l'inspecteur qui les fait porter à la Chambre peuvent, chacun dans leur particulier, changer les ballots, en substituer d'autres et les rendre sans qu'on s'en aperçoive. C'est souvent par ces voies qu'on a fait entrer dans Paris toutes sortes de mauvais livres, ce qui est d'autant plus facile que jusqu'à présent on n'y a pas donné beaucoup d'attention et qu'il n'y a jamais eu personne pour y tenir la main. »

On voit que les moyens de frauder les visites de la douane et de la Chambre syndicale étaient relativement faciles et fréquemment employés; les emballeurs de la douane avaient même pris « l'habitude, sous prétexte d'un petit intérêt, d'ôter tous les plombs à la douane avant de les porter à la Chambre (1) ». D'où une grande facilité pour les substitutions. On ne se faisait d'ailleurs pas faute de faire de fausses déclarations de marchandises, d'origine et de destination. Ainsi Regnault, le libraire de Lyon, envoyait, en 1761, deux balles qu'il affirmait contenir de la mercerie et être adressées à Glot, commissionnaire, par Castelar (Suisse), alors que c'étaient les *Contes moraux* de Marmontel qu'il envoyait au libraire parisien Durand (2).

On pouvait encore faire céder l'opposition des officiers de la Chambre par un moyen plus simple : moyennant huit exemplaires du *Qu'en dira-t-on* de La Beaumelle, ils permirent l'entrée de cet ouvrage qu'ils avaient arrêté pendant quelques jours (3).

Enfin il était courant que les ordres donnés pour réexpédier les livres à l'étranger fussent très mal exécutés. On retirait bien les livres de la Chambre, mais, au lieu de les renvoyer à l'étranger, on les donnait au libraire de Paris à qui ils étaient adressés et qui les vendait.

« Quelquefois aussi, dit le mémoire que nous avons déjà cité (4), M. de Malesherbes a ordonné de vive voix à l'inspecteur de la douane de renvoyer à l'étranger des ballots de livres qui étaient à la douane et de prendre toutes les précautions nécessaires pour en assurer la sortie du royaume; cependant, loin de le faire, l'inspecteur se contente d'en parler à un de ses amis, M. Abraham, entrepreneur de voitures, rue Bourg-l'Abbé, lequel se charge desdits livres, et qui, de concert avec lui, les rend à qui ils sont sans sortir de Paris; ainsi ont été rendues, il y a environ trois ans, au sieur de La Beaumelle, plusieurs caisses contenant la seconde édition des *Mémoires et lettres de Mme de*

(1) Nouv. Acq., 1214-218. D'Hémery à Berryer, avril 1757.
(2) 22094, 97-106.
(3) *Ibid.*, 29.
(4) 22122, 44.

Maintenon, par La Beaumelle, avec une édition du poëme de la *Pucelle*, qui avaient été imprimées à La Haye. Cet article, qui était par acquit à caution, a été enregistré sur le registre de l'inspecteur de la douane, avec la clause de les renvoyer à l'étranger, suivant l'ordre qu'il en avait reçu, mais l'ordre n'a pas été exécuté et les livres ont été rendus; cependant, si l'inspecteur avait voulu faire son devoir, il aurait fait plomber les livres de nouveau et prendre un nouvel acquit à caution qui aurait assuré la sortie des dits livres du royaume. »

Parfois même cet expédient était employé par Malesherbes lui-même pour faire sortir de la Chambre ce qu'il ne pouvait pas autoriser directement. C'est ce qui arriva pour l'*Histoire de Russie*, de Voltaire, qui avait été saisie à la Chambre syndicale et qui fut rendue à Desaint, officiellement pour qu'il la renvoyât à l'étranger, mais réellement pour qu'il la distribuât à Paris (1).

Néanmoins, malgré la facilité de toutes ces fraudes, il était plus prudent d'éviter complètement la visite à la Chambre syndicale; et c'est ce qu'on faisait généralement, en entrant les livres en contrebande. Voici comment l'on procédait.

Au lieu d'adresser directement les balles à leur destination, on les envoyait d'abord aux environs de Paris, en les faisant voyager le plus prudemment possible : on les dissimulait parfois sous d'autres marchandises, comme cette *Lettre de l'ancien abbé Provençal à un ancien ami*, dont deux cent soixante exemplaires étaient cachés par des figues. Il y avait des commissionnaires « dont le commerce était de faire ainsi passer à leur destination les caisses qu'on leur adressait et qui ignoraient souvent ce qu'elles contenaient (2) ».

Certains colporteurs avaient sur la route de Hollande à Paris des correspondants de distance en distance, et leurs livres leur parvenaient ainsi, après avoir voyagé, divisés en petits ballots, la nuit et par des chemins détournés (3). D'autres les apportaient eux-mêmes, comme ce Carmelet qui faisait la contrebande dans le Nord et avait un entrepôt à Versailles (4).

Car tous avaient un entrepôt aux environs de Paris, à Versailles,

(1) Nouv. Acq., 1214, 313.
(2) Nouv. Acq., 3346, 241.
(3) *Bastille dévoilée*, V, 19-21.
(4) 22099, 12.

à Saint-Germain, à Saint-Denis, à la Villette, à Bourg-la-Reine, par exemple (1). Mingot, un garçon de Boubers, libraire de Dunkerque, qui était en rapports constants avec la Hollande, était associé avec un colporteur dont la femme était maîtresse d'école à Gentilly; de sorte que le collège de Gentilly était son dépôt ordinaire (2). Goguery, colporteur, correspondant de Besongne, avait le sien à Montreuil d'où il transportait ses livres à Issy pour les faire entrer ensuite un à un à Paris (3). Duchesne, le libraire de Paris, se faisait envoyer ses paquets par Boubers chez un relieur de Saint-Denis (4); Ratillon chez un cabaretier d'Antony (5). D'autres, qui « travaillaient » pour le compte de quelque grand seigneur, avaient leurs dépôts dans des châteaux, comme ce Léger qui avait le sien au château du Coq, chez le marquis de Martel (6).

Mais le meilleur endroit pour avoir un entrepôt, c'était Versailles. C'est là qu'habitait Lefèvre, un des plus importants colporteurs. Il répandait à Paris les ouvrages imprimés par les Machuel, de Rouen. Il se les faisait envoyer à l'adresse d'un marchand de toile de Versailles (7). De même, Alexis Marais faisait venir ses livres de Hollande, par l'intermédiaire de Boubers qui les lui envoyait chez un aubergiste de Versailles ou chez un aubergiste de Saint-Denis (8). Il y avait encore à Versailles « différents commissionnaires, comme Germont, la veuve Laroue, chez lesquels les libraires étrangers adressaient les livres prohibés ou contrefaits qu'ils voulaient débiter en France (9). »

Quand les livres étaient ainsi en dépôt près de Paris, il fallait encore leur faire franchir la barrière de la douane. Les occasions étaient nombreuses, et la contrebande des livres était devenue un véritable métier. Un ouvrier de la Manufacture de Sèvres était connu pour avoir l'habitude de faire entrer des livres en contrebande (10). Un nommé Diancourt quittait, en 1755,

(1) Manuel, p. 23. « Les trois dépôts les plus connus, dit un Mémoire de Néville en 1783, sont chez les commissionnaires du Petit-Montreuil, près Versailles, du Bourg-la-Reine et de Saint-Denis, » 22 120, 14.
(2) 22 097, 104.
(3) 22 098, 122.
(4) *Ibid.*, 71.
(5) 22 075, 18.
(6) Nouv. Acq., 1214, 409.
(7) 22 075, 18, et Nouv. Acq., 1214, 31.
(8) 22 097, 59.
(9) Manuel, p. 23.
(10) Nouv. Acq., 1214, 399.

le café de Foi où il était garçon, pour se livrer entièrement à ce commerce (1).

Quand les livres n'étaient pas trop nombreux, on les dissimulait, comme on pouvait, dans les poches d'une ample redingote (2) ou sous des jupes (3). Trois colporteurs associés, L'Ecuyer, Kolman et Prudent, avaient fait faire, en 1761, une édition de l'*Oracle des Anciens fidèles*, par Michelin, l'imprimeur de Provins; les huit cents exemplaires qu'ils avaient commandés pour deux cent cinquante francs, leur avaient été adressés chez un hôtelier de Charenton; ils firent alors plusieurs parties de campagne avec leurs femmes, du côté de Charenton, et chaque fois, à leur retour, ils entraient à Paris bon nombre d'exemplaires de leur édition (4).

Mais le plus souvent les paquets étaient trop gros pour qu'on pût les faire passer ainsi. On avait alors recours à un postillon (5) ou à une diligence. Michelin envoyait ainsi des ballots directement par « le carrosse de Provins ». Les commis les visitaient à la barrière Saint-Antoine; mais on les conduisait seulement au bureau du carrosse, où on ne les retenait pas et on ne les portait ni à la douane, ni à la Chambre syndicale (6).

Un autre procédé, le plus simple et le plus classique, montre bien à quel point était incohérente cette administration de l'ancienne monarchie, aussi sévère sur les principes que tolérante dans la pratique : on cachait les ballots dans les voitures des grands seigneurs. « On ne s'expose pas, disait un fermier général à d'Hémery (7), aux risques d'une saisie de livres défendus, qui est inévitable, quand ils passent par la douane; tous les livres de cette espèce sont entreposés ainsi que le faux tabac et les marchandises prohibées, à Versailles, et entrent dans les carrosses des princes du sang, dont les conducteurs ne veulent pas souffrir la visite aux barrières. » En 1767, Guy, l'associé de la veuve Duchesne, était trouvé une nuit par les commis des fermes « sur les nouveaux boulevards, conduisant avec son garçon de magasin un fourgon couvert d'un tapis aux armes de feu M. le

(1) *Ibid.*, 132.
(2) 22098, 121.
(3) Funck-Brentano, *Lettres de cachet*, 4897.
(4) 22094, 62.
(5) *Lettres de cachet*, 4199.
(6) Nouv. Acq., 1214, 469.
(7) 22080, 53.

Maréchal de Noailles, dans lequel il y avait six ballots d'imprimés (1) ».

Le cocher du duc de Praslin, La Pierre, avait dans sa chambre, à Versailles, les *Lettres de la Montagne*, qu'il faisait entrer à Paris dans le carrosse du duc, avec des marchandises de mercerie, en 1764 (2). Il faisait encore entrer des ballots de livres pour le colporteur Marais, en 1765 (3). Le colporteur Lefèvre, que nous avons vu plus haut installé à Versailles, faisait passer ses livres à Paris dans le carrosse de Mme de Modène (4).

Il arrivait ainsi des scènes assez curieuses. « Monsieur le contrôleur général, revenant de Versailles, disent les *Mémoires secrets*, en 1782 (5), a été surpris de voir qu'on arrêtât son carrosse. Il a demandé aux commis s'ils ne le connaissaient pas; ils lui ont répondu qu'ils le connaissaient très bien, qu'il était M. de Fleury, et que c'était une raison de plus pour faire leur devoir; ils l'ont prié de descendre et ont trouvé son carrosse rempli de contrebande. Ce ministre, indigné, en conséquence a fait mettre au cachot son cocher. » Pareille aventure arriva, en 1782, au comte d'Artois et à Amelot. « On a rapporté, dit Hardy (6), que le roi, informé que les voitures de S. A. royale Mgr le comte d'Artois devaient apporter de Paris des libelles et livres prohibés, avait fait adresser au chef des bureaux de la Porte de la Conférence une lettre de cachet, par laquelle il lui était enjoint d'arrêter au passage lesdites voitures et de les fouiller; qu'en conséquence, ayant fait fermer les grilles à l'arrivée desdites voitures et exhibé au prince, qui en témoignait sa surprise, les ordres dont il était porteur, la perquisition s'était faite très fructueusement, puisqu'on avait effectivement saisi les libelles annoncés d'avance; comme aussi que par suite de ce premier événement et peu après, M. Amelot, secrétaire d'Etat, ayant le département de Paris, revenant aussi de Versailles et descendant de voiture en son hôtel, rue de l'Université, n'avait pas été peu surpris de voir venir à sa rencontre M. Lenoir, lieu-

(1) Notamment 1200 exemplaires des *Œuvres* de Rousseau, la *Tolérance*, la *Pucelle*, les *Mœurs*, l'*Esprit*, les *Œuvres* de La Mettrie, la *Philosophie de l'histoire*, etc. 22098, 71-72. Cf. Hardy, I, 116.

(2) 22096, 116.

(3) 22097, 59.

(4) 22156.

(5) XXI, 64.

(6) V, 163.

tenant général de police, qui l'attendait muni d'un ordre du Roi, de visiter également sa voiture dans laquelle avait été trouvé tout ce dont le magistrat était prévenu, ce qui, ayant excité l'animadversion du ministre, l'avait mis dans le cas de congédier à l'instant celui de ses domestiques qui avait favorisé la fraude. »

Non seulement on faisait de la contrebande dans les carrosses des ministres ou des ambassadeurs, ou dans ceux de la Dauphine (1), mais on allait jusqu'à se servir des voitures du Garde-Meuble du roi qui transportaient « des effets de Choisy audit Garde-Meuble » (2).

Cette pratique fut d'un usage constant jusqu'à la Révolution, et, en 1790 (3), Malesherbes écrivait encore : « Il y a aujourd'hui des magasins dans tous les environs de Paris, à Versailles plus qu'ailleurs ; et ce n'est plus par des voituriers habitués à faire la contrebande qu'on les introduit. Ils arrivent dans des carrosses respectés, sur lesquels les commis des barrières n'oseraient porter leur curiosité. »

III

Cependant, risque pour risque, on aimait mieux quelquefois courir celui d'une impression clandestine à Paris même, plutôt que celui d'une entrée en fraude. On mettait sur le titre une fausse mention d'origine : Amsterdam, La Haye ou Londres; et, comme on n'avouait presque jamais que l'impression avait été faite à Paris, il est fort difficile aujourd'hui de déterminer exactement quels sont les livres qui sortent de presses parisiennes (4).

Malgré la savante organisation de la Chambre syndicale et la surveillance très sévère de la police, les impressions clandestines étaient assez nombreuses à Paris. Parfois de simples particuliers avaient des presses chez eux (5). Mais le plus souvent ces impressions étaient faites par les compagnons imprimeurs que la misère contraignait à chercher ainsi des gains supplémentaires (6). Ils

(1) 22 075, 18.
(2) Hardy, II, 238.
(3) *Lib. de la presse*, p. 61.
(4) « Les livres imprimés à Paris portent sur le titre Amsterdam, Londres, Berlin, Genève. Dans d'autres pays on se permet d'autres mensonges. Aucun auteur un peu hardi ne veut avoir écrit dans le lieu de son séjour. » Grimm, 1er mai 1763, VI, 269.
(5) *Mém. sec.*, XXIII, 250.
(6) 22 132, 23.

travaillaient à ces impressions soit chez les maîtres eux-mêmes, à leur insu (1) ou avec leur tolérance tacite (2), soit le plus souvent chez eux avec les caractères qu'ils leur volaient (3). Ils se cachaient dans des caves, dans des écuries, dans des chambres isolées, et pratiquaient des trappes par où ils pouvaient s'échapper sur les toits.

Le plus souvent ils avaient de petites presses portatives qu'on pouvait enfermer dans une armoire et qui ne faisaient pas de bruit. Vers 1789, il y en avait plus de cent à Paris (4). M. Funck-Brentano, dans son volume sur les *Lettres de cachet*, cite plusieurs compagnons imprimeurs qui furent ainsi arrêtés pour avoir tenu des imprimeries clandestines à Paris (5). Parfois même ces imprimeries étaient assez considérables, comme celle qu'on découvrit au Temple, en 1757. On n'y travaillait que la nuit (6).

Petites ou grandes, elles étaient si nombreuses, et les inspecteurs de la police sentaient si bien eux-mêmes combien ils étaient impuissants contre elles, qu'ils proposèrent, en 1755, d'établir une imprimerie qu'ils tolèreraient et qui accaparerait toutes les impressions clandestines (7). Etrange idée que ce projet de monopole d'Etat pour commerce illicite !

Tous ces compagnons imprimeurs se connaissaient, s'entr'aidaient et étaient en rapports constants avec les colporteurs. Ceux-ci, nous le verrons plus loin, étaient un peu, au moins à l'origine, comme les compagnons des libraires (8). A côté de l'aristocratie de la corporation, de ces maîtres imprimeurs ou libraires avec leurs privilèges et leur communauté, il y avait tout un monde actif, grouillant, un peu interlope de gens du peuple qui vivaient de l'impression et du commerce des livres prohibés et qui parfois même y gagnaient leur fortune. De même qu'un maître libraire, quand il n'était pas lui-même imprimeur, donnait des ouvrages à imprimer à quelque confrère, de même les colporteurs imprimaient eux-mêmes ou faisaient imprimer par les compagnons imprimeurs.

(1) 22 123, 19.
(2) Nouv. Acq., 1214, 208.
(3) *Ibid.*, 156.
(4) Mal., *Lib. de la presse*, p. 61.
(5) Notamment nº 4570, 4694 sqq. Cf. Arch. Nat., O¹ 399, 474.
(6) Luynes, *Mém.*, XVI, 26.
(7) 22 122, 36.
(8) Il y avait pourtant aussi des compagnons libraires.

Ainsi quand le duc de la Vallière, par exemple, avait reçu de Voltaire une lettre qu'il voulait publier, il la remettait à son colporteur qui se chargeait de la faire imprimer (1). Le colporteur alors imprimait lui-même, s'il avait chez lui une de ces petites presses portatives qui étaient si commodes (2), ou confiait le manuscrit à un compagnon imprimeur. Il se chargeait souvent de l'illustration de l'ouvrage et savait s'adresser aux graveurs les plus capables de lui faire des estampes bien indécentes (3). Certains colporteurs avaient ainsi de véritables entreprises susceptibles de faire concurrence aux libraires eux-mêmes. « Merlin, Ormancey, Prudent, Cottard (tous colporteurs), dit un Mémoire de police de 1764 (4), sont des gens qui font le commerce de la librairie sans qualité..., ces gens font imprimer des livres ou les font entrer furtivement dans Paris et les donnent à débiter dans différentes boutiques comme pourrait faire un libraire que l'aisance mettrait dans le cas de se passer du détail et qui ferait débiter par ses confrères des livres qu'il imprimerait ».

Les libraires du Palais, qui n'étaient en somme que des colporteurs privilégiés, s'occupaient aussi beaucoup de faire imprimer des ouvrages prohibés. Ainsi, quand Palissot voulut publier son *Très humble remercîment du Doyen des colporteurs à Mgr l'Archevêque de Paris*, il s'adressa à Coutelier, libraire au Palais, qui lui acheta le manuscrit trois louis (5). Les libraires du Palais confiaient aussi généralement l'ouvrage à un compagnon imprimeur. Parfois pourtant ils le donnaient tout simplement à l'imprimeur ordinaire du Parlement, Simon (6).

Il arrivait même que certains colporteurs importants et connus eussent l'audace de faire imprimer par des syndics de la Communauté des Imprimeurs. Merlin, le grand colporteur des Encyclopédistes, fit faire au syndic Le Breton pour quinze à seize mille francs d'impressions en une seule année (7).

(1) 22 162, 28, r° 4 juin 1761. Cf. 22 038, 61, Kolman, colporteur, fait également imprimer par un compagnon un manuscrit que lui a remis un auteur, M. Talbot.

(2) Crétot, colporteur, imprime ainsi en 1754 *L'idée de la personne, de la manière de vivre et de la cour du roi de Prusse*, libelle injurieux à Frédéric II. (*Lettres de cachet*, 4248). Champson, également colporteur, dirigeait en 1780 une imprimerie clandestine. (*Ibid.*, 5110.)

(3) *Arch. de la Bast.* (Bib. de l'Ars.), 11 823.

(4) 22 116, 5.

(5) 22 157, 165.

(6) Nouv. Acq., 1214, 60.

(7) Rapport de Marin à Sartine, 1761 ; 22 116, 6.

Enfin les maîtres libraires eux-mêmes n'imprimaient pas toujours uniquement des livres parfaitement approuvés. Des libraires au Palais-Royal (1), d'anciens domestiques faisant commerce de livres à l'hôtel de Soubise ou ailleurs (2), de simples négociants (3), des secrétaires du Conseil d'État ou des Finances faisaient faire des impressions clandestines. C'était devenu une industrie lucrative et avantageuse, susceptible de tenter quiconque avait le goût du risque.

Les procédés étaient donc nombreux pour fournir les Parisiens de tous ces livres qui piquaient leur curiosité, soit qu'on imprimât à Paris même, malgré les visites des officiers de la Chambre et des inspecteurs de la police, soit qu'on réussit à frauder la douane par des substitutions de livres ou par des entrées en contrebande. Ainsi s'explique-t-on que, malgré les règlements sévères en vigueur au dix-huitième siècle, les idées nouvelles se soient répandues si rapidement à Paris. Là comme partout ailleurs, quand les lois sont trop en désaccord avec les mœurs, elles sont inefficaces et on commence par leur désobéir pour finir par les abroger.

Il ne suffisait pourtant pas de faire arriver ou d'imprimer à Paris les livres défendus, il fallait encore les débiter, les vendre aux particuliers; et c'est dans cette dernière opération qu'on rencontrait les plus grandes difficultés et qu'il fallait déployer le plus d'ingéniosité.

(1) *Bast. dévoilée*, III, 137.
(2) 11 802, 73.
(3) Nouv. Acq., 1214, 119.

CHAP. CXLIV

Un Bouquiniste.

(Extrait du *Tableau de Paris*, de Mercier.)

CHAPITRE IV

LA VENTE DES LIVRES PROHIBÉS

I. Les libraires. Organisation de la Communauté des libraires de Paris. Évolution de la librairie du seizième au dix-huitième siècle. Les grands libraires du dix-huitième siècle : Pissot, Duchesne, Le Breton, Lambert, La Combe, Panckoucke. Les condamnations des libraires. — II. Les colporteurs. L'organisation du colportage à Paris. Colporteurs auteurs. Colporteurs laquais. Protection dont ils jouissent auprès des nobles. Les grands colporteurs : Lefèvre, Merlin, Robin. Les colporteurs reçus libraires. — III. Les modes de vente : en boutique, à domicile, dans les lieux publics, dans les lieux privilégiés, aux Tuileries, au Palais-Royal, dans les châteaux royaux. — IV. La clientèle des colporteurs. Prix auxquels ils vendent leurs livres. — V. La publicité. Les prêts de livres.

I

La communauté des libraires était soumise aux mêmes règles que celle des imprimeurs. Elle jouissait des mêmes privilèges. Les libraires avaient les prérogatives de l'Université. « Les Livres, dit l'arrêt de 1723, tant Manuscrits qu'imprimés ou gravés, reliés ou non reliés, vieux ou neufs..., soit qu'ils viennent des Pays Etrangers et des Villes et Provinces du Royaume, soit qu'ils soient transportés hors du Royaume, sont exempts... de tous Droits de Douane, Péages, Ponts, Chaussées, Domaines, Traites, Impositions Foraines, Acquits, Subsides, Resves, Prêts, Octrois, Passage, Haut-Passage, Rivières, Détroits, Entrées, Sorties, Barrage, Travers, Doubles-Droits, Garde-Nuit, Boute-à-Port et autres Taxes et Impositions que ce soit (1). » Enfin les libraires avaient le monopole du commerce des villes. Seuls, les marchands merciers grossiers de Paris étaient autorisés à « vendre des ABC, des Almanachs, et petits Livres d'Heures et Prières imprimés dehors

(1) Saugrain, p. 14.

ladite Ville » (1). Mais, pour tous les autres livres, les libraires seuls avaient le droit d'en faire le commerce.

En revanche ils étaient astreints aux mêmes obligations que les imprimeurs (2) : demeurer dans le quartier de l'Université, déclarer leurs magasins, remplir les mêmes formalités pour être reçus maîtres. Le droit à payer était seulement de mille livres au lieu de quinze cents pour les aspirants ordinaires à la maîtrise et de six cents, s'ils étaient fils ou gendres de maîtres. — En 1730, ils obtinrent un Arrêt du Conseil qui défendait aux maîtres de recevoir aucun apprenti pendant six ans et cet arrêt fut successivement renouvelé jusque vers 1760, de sorte que le recrutement de la communauté se faisait uniquement parmi les fils ou gendres de maîtres (3). Les syndic et adjoints avaient également le droit de faire des visites « toutes et quantes fois qu'ils le trouveraient nécessaire, dans tous les lieux où étaient les Boutiques ou Magasins de Libraires, même dans les Collèges, Maisons Religieuses et autres endroits prétendus Privilégiés. Enjoint aux Supérieurs, Principaux et autres, ajoute l'édit de 1744, d'ouvrir leur porte et de souffrir ladite Visite à peine de désobéissance (4). » Les Supérieurs, Principaux et autres encouraient sans doute cette peine assez souvent. Les syndic et adjoints avaient bien le droit de « dresser Procès-Verbal dont ils référaient au Lieutenant Général de Police, à l'effet d'obtenir main-forte ». Ils pouvaient même faire procéder par bris et rupture des portes ; mais ils n'osaient guère employer ces moyens énergiques (5).

Pour faciliter la surveillance, les libraires ne devaient avoir qu'un magasin, sur lequel ils étaient tenus de mettre un écriteau ou tableau portant leur nom ; et ils n'avaient pas le droit d' « avoir aucun Etalage et Boutique portatifs sur les Ponts, Quais et Parapets et dans les Maisons Privilégiées ou en quelque endroit que ce pût être » (6).

On voit combien cette organisation était sévère. Les libraires formaient une corporation fermée, dont les membres se mariaient entre eux et se léguaient leurs charges de père en fils ou en fille. Ils

(1) Saugrain, p. 54.

(2) Leur nombre n'était pas fixé par la loi comme celui des imprimeurs ; mais en fait il ne dépassa pas trois cent soixante au dix-huitième siècle. (Did., *Lettre sur le commerce de la librairie*, p. 13.)

(3) Mal., *Mém. sur la libr.*, p. 171.

(4) Saugrain, p. 267.

(5) *Ibid.*, p. 274.

(6) *Ibid.*, p. 106.

étaient surveillés, embrigadés, conduits comme un régiment; leurs officiers étaient chargés d'y faire la police, d'y faire observer les règlements royaux et de maintenir le bon ordre parmi leurs confrères. Ils étaient les intermédiaires ordinaires entre les libraires et l'administration pour tout ce qui concernait les visites, les saisies, les douanes. Ils s'occupaient même d'appliquer une prescription de 1766 qui obligeait tous les libraires à prévenir le Directeur de la librairie quatre jours avant la mise en vente de tout livre nouveau (1).

Toute cette organisation datait des origines de l'imprimerie. Elle ne se comprenait plus au dix-huitième siècle. Pendant tout le dix-septième, les ordonnances royales étaient encore à peu près observées. Sans doute il y avait bien des libraires plus ou moins honnêtes qui ne faisaient commerce que de livres prohibés ou surtout contrefaits. Mais les grands libraires n'avaient dans leurs boutiques que de solides ouvrages de théologie, de jurisprudence ou de belles lettres munis d'un privilège scellé du grand Sceau de France. Les Cramoisy, les Coignard, les Chappelet avaient tout intérêt à faire respecter en tant que syndics des règlements dont ils étaient les premiers à profiter comme libraires. Ce qu'ils avaient surtout à craindre, c'étaient les contrefaçons, quoique leurs livres de science ou d'érudition fussent trop importants et trop difficiles à établir pour tenter les imprimeurs frauduleux. Mais avec les progrès chaque jour plus rapides de la philosophie, de la frivolité aussi, leur situation devint moins enviable. On ne trouvait plus beaucoup d'amateurs pour les in-folio des théologiens et les in-quarto des jurisconsultes. Les livres qui avaient le plus de chances de réussir étaient précisément ceux qui leur étaient interdits, petites brochures sur les affaires du temps, chansons ou contes licencieux, ouvrages philosophiques enfin que la censure ne laissait pas passer. Les affaires devenaient beaucoup plus difficiles pour eux. « Les gênes, les entraves, les règlements de toute espèce ont effarouché le commerce qui demande à être libre pour prospérer, disait Mercier (2); tout le monde se plaint d'être ruiné, imprimeur, libraire, auteur ». « La communauté des libraires est une des plus misérables et des plus décriées, disait Diderot, ce sont presque tous des gueux (3). »

(1) 22073, 107.
(2) *Tableau de Paris*, II, 125.
(3) Did., *Lettre sur le comm. de la libr.*, p. 5.

D'ailleurs, en même temps que l'importance de leurs affaires diminuait, leur réputation baissait singulièrement. On était bien loin des époques héroïques des Plantin, des Estienne. Les libraires étaient alors des savants bien plus que des commerçants. Au dix-huitième siècle, au contraire, « ils étaient devenus de purs marchands et par la formalité d'un long apprentissage, qui était une espèce de servitude, sous un maître libraire, ils avaient absolument fermé la porte de leur commerce aux gens de lettres » (1).

Les libraires n'étaient plus les collaborateurs, les amis des auteurs, qui le plus souvent avaient recours aux imprimeurs étrangers. Les seuls libraires qui fissent de bonnes affaires étaient précisément ceux qui éditaient plus ou moins ouvertement les livres défendus.

Voici le tableau que Malesherbes (2) trace de la librairie : « Il y a un petit nombre d'imprimeurs et de libraires dont le commerce est restreint à de certaines matières ; tels sont ceux qui fournissent le Palais, n'impriment et ne vendent que des arrêts, des *Factum*, quelques traités de jurisprudence pratique ; tels sont aussi ceux qui n'impriment que des almanachs, des livres d'heures, etc. ; ceux qui impriment pour les collèges, les ouvrages classiques à l'usage des maîtres et des écoliers...

» Enfin, il y a des libraires, riches propriétaires des privilèges des anciens livres, qui n'emploient leurs presses qu'à en faire de nouvelles éditions. Je conviens que tous ceux-là ne font pas de fraude ; ils n'ont pas besoin d'en faire.

» Mais il n'en est pas de même des autres libraires qui sont le plus grand nombre. Leurs spéculations sont d'acquérir le manuscrit d'un auteur, en tâchant de prévoir le débit qu'il aura, et leur fortune est d'en trouver qui aient une grande vogue. Quand ils ont vu que, depuis longtemps, ceux qui ont bien fait leurs affaires le doivent à des ouvrages pour lesquels il n'a pas été donné de permission, il n'est pas étonnant que tous aient voulu prendre le même parti. »

Aussi plusieurs libraires parisiens, et les plus importants du dix-huitième siècle, ne tardèrent-ils pas à rechercher les ouvrages

(1) Mal., *Mém. sur la libr.*, p. 168. Le tableau de la librairie française au dix-huitième siècle que peint sir J. Morley (*Diderot*, p. 195) est un peu exagéré, mais n'est pas tout à fait inexact.

(2) *Lib. de la presse*, p. 47.

des philosophes et à se mettre en rapport avec Voltaire, Diderot ou Rousseau.

Pour Rousseau, il n'eut directement affaire qu'à Pissot (1) qui lui imprima son premier *Discours* et qu'il perdit de vue dans la suite; il fit la connaissance de Rey avant la publication de ses grands ouvrages, et n'aurait plus eu aucun rapport avec les imprimeurs de Paris, si Malesherbes et Madame de Luxembourg ne s'étaient pas mis en tête de faire paraître l'*Emile* à Paris et ne s'étaient pas adressés eux-mêmes à Duchesne. Nicolas-Bonaventure Duchesne était le gendre d'André Cailleau, dont il avait repris la maison en 1751. Il mourut en 1765 (2) et sa veuve reprit les affaires. Elle avait pour associé l'ancien premier employé de son mari, un certain Guy, qui ne fut jamais reçu maître libraire, mais qui se trouva alors réellement à la tête de la maison. C'est ce Guy dont Rousseau parle dans les *Confessions* et contre qui il conçut de si forts et si injustes soupçons, lors de l'impression de l'*Emile*. C'est encore ce Guy qui transportait la nuit des livres prohibés dans des voitures aux armes du Maréchal de Noailles, et qui fit ce mémoire où il signalait, en homme compétent, les procédés communément employés pour faire entrer les livres prohibés dans Paris (3). Rousseau resta néanmoins en bons termes avec Guy et avec la veuve Duchesne, et c'est chez elle qu'il descendit, quand il passa à Paris, en 1765 (4).

Diderot, au contraire, est de tous les auteurs du dix-huitième siècle celui qui fut le plus fidèle aux libraires de Paris. C'est en 1748 qu'il s'était engagé, avec David (5), Briasson (6) et Le Breton pour l'Encyclopédie. Malgré les difficultés sans nombre qu'il eut à surmonter, malgré les propositions alléchantes qu'on lui fit pour faire imprimer à Neuchâtel, à Clèves ou en Hollande, il voulut jusqu'au bout rester fidèle à ses engagements et parvint à mener son entreprise à bonne fin. Il s'était presque mis aux gages de Le Breton et l'on sait combien ces gages étaient peu

(1) Noël-Jacques Pissot, libraire, quai de Conti, puis rue de Hurepoix, reçu maître en 1747, adjoint en 1766, mort en 1788. (Lottin, *Catalogue chronologique*. p. 140.) Cf. Lettre de Rousseau à Mme Latour. Motiers, le 28 avril 1764, t. VIII, p. 107.

(2) Lottin, p. 56.

(3) 22 123, 22. Il fut mis à la Bastille pour avoir vendu des *Mémoires* de La Chalotais.

(4) Lettre à M. d'Ivernois, 2 décembre 1765, à M. de Luze, 16 décembre 1765, t. VIII, p. 255.

(5) Michel-Estienne David, libraire 1700, adjoint 1730, meurt 1756. (Lottin, p. 35.)

(6) Briasson, de Lyon, gendre de Pochard, libraire 1724, consul 1758, syndic 1768, meurt 1775. (*Ibid.*, p. 17.)

de chose. Il travaillait chez lui, y passant ses journées à compiler, rédiger, corriger ses articles. Il était devenu un ami de la famille, et était souvent invité chez Le Breton, à Paris ou à la campagne, jusqu'à ce que survint la grande brouille de 1764. Ce Le Breton était un des premiers libraires de Paris (1) ; il mourut en 1779, rue Hautefeuille, imprimeur ordinaire du roi, doyen des syndics, ancien consul ; il s'était « démis de son imprimerie » en 1773 (2).

Quant à Voltaire, il fut en relation avec plusieurs libraires de Paris. Il écrivait tant et ses œuvres se vendaient si facilement que tout le monde avait envie de les éditer avec son concours, ou de les contrefaire sans son autorisation. Il eut ainsi plusieurs de ses ouvrages imprimés par Prault (3), d'autres par Duchesne.

Mais le libraire qui était le plus en faveur auprès de lui était Michel Lambert (4). Il passait pour être le fils d'un portier, et les mauvaises langues disaient qu'il était bien plutôt le fils de Voltaire lui-même. C'était un fort beau garçon, distingué d'allures, de barbe brune, de visage un peu pâle, qui sans beaucoup de génie eut pourtant le talent de faire assez bien ses affaires. Il s'était établi, en 1751, rue de la Comédie-Française (5), et avait aussitôt édité les *Œuvres* complètes de Voltaire.

En 1766, Voltaire fit la connaissance d'un autre libraire, Jacques La Combe. C'était un avocat au Parlement, gendre du musicien Grétry, qui fut reçu libraire le 23 novembre 1765 (6), et qui s'établit rue de Tournon, au coin de la rue de Vaugirard (7). Dès le mois de mai 1766, Voltaire savait qu' « un homme d'esprit, qui était de l'ordre des avocats, s'était mis de l'ordre des libraires (8) », et, comme il trouvait qu' « il était bon d'avoir des philosophes dans tous les états », il cherchait aussitôt à attirer le nouveau libraire dans son parti, en lui faisant envoyer une collection complète de ses œuvres et en lui écrivant la lettre la plus

(1) Il était petit-fils de Laurent d'Houry, qui imagina en 1684 et présenta à Louis XIV en 1699 l'*Almanach royal*.
(2) Lottin, p. 103.
(3) Libraire de 1753 à 1780, quai de Conti (*ibid.*, p. 142).
(4) Né à La Charité-sur-Loire, épousa successivement trois femmes, fut libraire en 1749, imprimeur en 1758, adjoint en 1774 et mourut rue de la Harpe en 1787. (Lottin, p. 98.)
(5) *Archives de la Bastille*, XII, 372.
(6) Lottin, p. 97.
(7) Hardy, III, 492.
(8) Voltaire à Damilaville, 26 mai 1766.

flatteuse du monde (1) : « J'ai été si charmé, Monsieur, pour l'honneur des lettres, de voir un homme de votre mérite quitter la profession de Patru pour celle des Estienne ; vos attentions pour moi m'ont tant flatté, que je voudrais n'avoir jamais eu que vous pour éditeur. Si jamais cette entreprise pouvait s'accorder avec celle des Cramer, ce serait peut-être rendre service à la littérature... Comptez, Monsieur, que je m'intéresse véritablement à vous. Je vous prie de me mander si vous êtes content de votre nouvelle profession ; je voudrais être à portée de vous marquer par des services l'estime que vous m'avez inspirée. » Effectivement, La Combe édita une *Poétique* extraite des œuvres de Voltaire, qui en fut très satisfait.

L'amitié de Voltaire ne lui suffit pas pour faire de brillantes affaires ; il avait sans doute voulu trop entreprendre (2) ; il fit, en 1778, une faillite retentissante de trois à quatre cent mille livres. Ce fut Panckoucke qui racheta ses livres et ses journaux (3).

Charles-Joseph Panckoucke est la plus grande figure de la librairie à la fin du dix-huitième siècle. Sa famille, originaire de Bruges, était installée depuis deux générations à Lille, où son père, André-Joseph (1703-1753), était à la fois auteur et libraire. Lui-même, esprit très cultivé, s'était d'abord destiné au professorat; mais la mort prématurée de son père le contraignit à entrer dans les affaires pour subvenir aux besoins de sa mère et de ses sœurs; il ne laissa pourtant pas de cultiver les lettres. « Il n'imprimait pas seulement les ouvrages des autres; il en imprimait qui étaient de lui. Dans le tracas de tous les détails d'un commerce de plusieurs millions, il trouvait le temps d'écrire et en sentait le besoin. Il traduisait l'Arioste ; il sondait les profondeurs de la nature du beau ; il cherchait à simplifier, pour ses enfants, les règles de la grammaire française. Ce n'étaient pas là de grandes compositions (4), mais c'était la preuve qu'il pouvait en faire. Dans les salons de sa femme, dans les cabinets d'étude de ses

(1) Voltaire à La Combe, 26 mai 1766.

(2) Il avait acheté le *Journal des Savants* et le *Mercure*. Il ne négligeait pas d'ailleurs le commerce des mauvais livres ; c'est chez lui, à Saint-Denis, que furent déposés les ballots pour lesquels Guy fut mis à la Bastille en 1767. Nouv. Acq., 1214, 505.

(3) *Mém. sec.*, XI, 265.

(4) Ces ouvrages furent des *traductions* de *Lucrèce*, de l'*Arioste*, du *Tasse*, des *Discours philosophiques sur le beau* (1779), *sur le plaisir et la douleur* (1790), des *grammaires à l'usage des enfants* (1795), un ouvrage *De l'homme pour servir de défense à l'histoire naturelle* de Buffon (1761) et une *Contre-prédiction au sujet de la Nouvelle Héloïse* (1761).

enfants, des partitions ouvertes sur des pianos, des chevalets chargés de dessins, tout respirait le goût des arts, et laissait à peine apercevoir le mouvement des affaires par lesquelles il donnait une nouvelle impulsion à celles de la France et de l'Europe (1) .»

Il était venu en 1760 à Paris où il avait racheté le fonds de Lambert, rue de la Comédie-Française. Il y fut reçu libraire l'année suivante, en 1761 (2), et laissa sa librairie de Lille à ses frères et sœurs (3). Assez ambitieux pour entreprendre en même temps de nombreuses affaires, assez intelligent pour y réussir, il développa considérablement sa maison. Il se mit rapidement en relations avec tous les auteurs en vue de l'époque et maria une de ses sœurs à Suard, le rédacteur du *Journal étranger*. « Ses maisons de Paris et de Boulogne réunissaient, comme celles d'Helvétius et du baron d'Holbach, l'élite des gens de lettres, des artistes et des savants (4).» Il n'apportait aucun esprit de partialité dans le choix des manuscrits qu'il éditait. Les feuilles de Fréron voisinaient avec les œuvres de Voltaire, à la grande indignation de ce dernier, qui ne le trouvait pas « fait pour imprimer des sottises du Pont-Neuf (5) ». Il recevait les articles de Linguet aussi bien que ceux de La Harpe. « Il avait, comme imprimeur-libraire, une maxime qui devrait être gravée dans tous les codes, c'est qu'il n'y a d'autres juges des opinions et des goûts que l'opinion publique des nations (6) .»

Aussi s'efforça-t-il de suivre la mode littéraire de l'époque; et, sentant que les ouvrages périodiques étaient la forme par excellence de la librairie moderne, il en fit un véritable trust. Il acquit le *Mercure* et le *Journal des Savants* à la faillite de La Combe, puis le *Journal de Paris* et le *Journal des Dames ;* enfin il fonda un *Journal de politique et de littérature*, dont Linguet fut le principal rédacteur.

Il était extrêmement généreux avec les auteurs. « A lui et par lui, dit encore Garat, a commencé une amélioration très remarquable dans l'existence des gens de lettres, tenus si longtemps

(1) Garat, *Mém. historiques sur la vie de M. Suard*, I, 275.
(2) Son grand-père Gaudain avait déjà été libraire à Paris.
(3) 22.066, 28.
(4) Garat, *ibid.*, p. 275.
(5) Voltaire à Panckoucke, 28 février 1767.
(6) *Notice biographique sur M. C.-L.-F. Panckoucke*, Paris, 1842, p. 7. Bibl. technique du Cercle de la Librairie.

dans la pauvreté par les gages avilissants qu'ils recevaient des imprimeurs-libraires et par les récompenses très honorables, mais mesquines, des puissances. Ce qu'il pouvait gagner de trop sur eux, il le croyait perdu pour sa fortune personnelle. Il les enrichissait pour s'enrichir lui-même ; il voulait les rendre indépendants de lui, comme de toute la terre, sûr qu'avec leur indépendance s'élèverait leur génie, se féconderaient toutes les sources des richesses de la presse et de la librairie. Il commença un jour l'exécution d'un traité avec un écrivain qu'il connaissait à peine, par lui avancer cent mille francs qui n'entraient pas dans les conditions du traité. C'étaient bien là les calculs d'un géomètre et d'un libraire transcendant.

» Des vues si grandes, des procédés si nobles le rendaient l'égal et l'ami des hommes de génie pour lesquels travaillaient ses presses. Sa voiture était souvent rencontrée sur la route de Montmorency, allant chez Rousseau ; de Montbard, chez Buffon ; de Ferney, chez Voltaire ; et, comme les œuvres de ces immortels écrivains étaient devenues des affaires d'Etat, de leurs retraites, sa voiture le portait chez les ministres du roi, à Versailles, qui le recevaient comme un fonctionnaire ayant un portefeuille (1). »

Il accompagna sa sœur, Madame Suard, dans le voyage qu'elle fit, en 1775, à Ferney. Il était d'ailleurs depuis longtemps en relation de correspondance avec Voltaire, qui lui écrivait : « Vous savez, Monsieur, que je vous regarde comme un homme de lettres et mon ami (2).... Vous me rappelez les beaux jours où les Estienne honoraient la typographie par leur science (3). »

Ce fut lui qui eut la première idée de l'édition générale posthume des œuvres de Voltaire. Il lui avait envoyé, dès 1777, un exemplaire interfolié de l'édition encadrée, que Voltaire corrigea. Mais, en homme avisé, il ne poursuivit pas l'entreprise et la céda à Beaumarchais, qui fit alors l'édition de Kehl, où il perdit beaucoup d'argent (4).

(1) Garat, p. 273.

(2) Lettre de Voltaire à Panckoucke, citée dans la notice sur C.-J. et C.-L.-F. Panckoucke. Paris, Vve Agasse, 1828.

(3) Voltaire à Panckoucke, 28 février 1767.

(4) Quant à Rousseau, s'il ne fut l'éditeur d'aucun de ses ouvrages, il ne fut pas du moins ignoré de lui. Témoin cette lettre que Jean-Jacques lui écrivait de Motiers le 12 février 1764 : « Je vois avec plaisir, Monsieur, par votre lettre du 25 janvier, que vous ne m'avez pas oublié et je vous prie de croire que quant à moi je me souviendrai de vous toute ma vie avec amitié. Je regarde votre établissement

Il ne mourut qu'en 1798 et sa maison fut reprise par son fils, Ch.-Louis Fleury, qui vécut jusqu'en 1844.

On voit donc qu'à la fin du siècle les plus importants libraires étaient devenus les éditeurs et les amis des philosophes. Il n'y avait plus aucun danger, il y avait au contraire gloire et profit à imprimer Voltaire et Diderot (1).

Mais il n'en avait pas toujours été ainsi. Les plus grands libraires n'étaient pas à l'abri d'une arrestation, quand, vers 1760, ils se livraient au commerce des livres prohibés. Guy, l'associé de la veuve Duchesne, fut enfermé à la Bastille en 1764 (2); de même Le Breton, au moment de la publication de l'*Encyclopédie*. Quant aux autres libraires moins importants de Paris, aux libraires de province de passage dans la capitale, aux libraires du Palais, qui étaient, à proprement parler, plutôt des colporteurs, ils étaient très surveillés et facilement condamnés. La vente d'un mauvais livre leur valait couramment un séjour de quelques mois à la Bastille ou à Vincennes, aux frais du roi, ou la suspension temporaire ou même définitive de leur état de libraire (3).

II

Ce n'étaient pourtant pas eux qui étaient les hôtes les plus ordinaires de Sa Majesté. Un tel privilège était réservé aux colporteurs. C'est par eux que se fit, au dix-huitième siècle, presque tout le commerce des livres philosophiques (4).

Sans être réunis en une communauté comme les libraires, les

à Paris comme un moyen presque assuré de parvenir promptement à votre bien-être du côté de la fortune, vu le goût effréné de littérature qui règne dans cette grande ville et qu'étant vous-même homme de lettres vous saurez bien choisir vos entreprises. Je ne refuse point, Monsieur, le cadeau que vous voulez me faire de ce que vous avez imprimé ; il me sera précieux comme un témoignage de votre amitié ; mais si vous exigez de moi de tout lire, ne m'envoyez rien, car dans l'état où je suis, je ne puis plus supporter aucune lecture sérieuse et tout ouvrage de raisonnement m'ennuie à la mort. Des romans et des voyages voilà désormais tout ce que je puis souffrir et je m'imagine qu'un homme grave comme vous n'imprime rien de tout cela. » (*Notice biographique sur M. C.-L.-F. Panckoucke*, Paris, 1842.)

(1) Sur les contrats d'édition et les droits d'auteur, voir Pellisson, *Les Hommes de lettres au dix-huitième siècle*, ch. VI.

(2) 22123, 22.

(3) Voir Funck-Brentano, *Les Lettres de cachet*.

(4) « Ce n'est que par le canal de ces sortes de gens qu'il se répand et se distribue dans Paris une quantité prodigieuse de livres contraires à l'Etat, à la religion et aux mœurs, imprimés par les libraires de Paris même, qui n'osent les débiter dans leurs magasins. » (Mém. de P. Bruyset de Lyon. 1755. 22128, 92. Cf. 22123, 6 et 21.)

H. Gravelot inven. N. le Mire Sculp.

Ce visage vaut mieux que toutes vos chansons

La galerie du Palais.

colporteurs étaient soumis à certaines prescriptions et formalités. Voici ce que l'arrêt de 1723 ordonne à leur sujet (1) :

« Art. LXIX. — Aucun ne pourra faire le Métier de Colporteur, s'il ne sait lire et écrire, et qu'après avoir été présenté par les Syndic et Adjoints des Libraires et Imprimeurs au Lieutenant Général de Police, et par lui reçu sur les conclusions du Procureur de Sa Majesté au Châtelet ; ce qui sera fait sans frais.

» Art. LXX. — Les Maîtres Imprimeurs, Libraires, Fondeurs de Caractères, ou Relieurs, leurs Fils, Compagnons et Apprentis, qui, par pauvreté, infirmité d'âge ou de maladie, ne pourront exercer leurs Professions, seront préférés à tous autres pour être Colporteurs. Tous les Colporteurs seront tenus, trois jours après qu'ils auront été reçus, de faire enregistrer leurs noms et leurs demeures dans le Livre de la Communauté, avec soumission d'y venir déclarer les maisons où ils iront loger dans le cas de changement de domicile ; et ils feront pareille Déclaration aux Commissaires des Quartiers où ils demeureront, à peine d'interdiction et de cinquante livres d'amende.

» Art. LXXI. — Le nombre des Colporteurs demeurera réduit et fixé à cent vingt, dont les huit premiers plus anciens reçus auront leurs départements dans les Cours et Salles du Palais, où les autres ne pourront aller vendre que par succession et en la place de ceux qui seront décédés ; mais il leur sera permis de vendre par la Ville et les Faubourgs, et les lieux qu'ils trouveront les plus avantageux pour le débit ; sans qu'au surplus ni les uns ni les autres puissent avoir aucuns Imprimés ailleurs que dans leurs maisons ; le tout à peine d'interdiction, de cinquante livres d'amende et de prison.

» Art. LXXII. — Fait Sa Majesté défenses auxdits Colporteurs, de colporter, vendre et débiter aucuns Livres, Factums, Mémoires, Feuilles ou Libelles, sur quelque matière ou de quelque volume que ce soit, à l'exception des Edits, Déclarations, Ordonnances, Arrêts et autres Mandements de justice dont la Publication aura été ordonnée, des Almanachs et des Tarifs, comme aussi de petits Livres qui ne dépasseront huit feuilles brochés et reliés à la corde, imprimés avec Privilège ou Permission par les seuls Imprimeurs de Paris avec le nom du Libraire ; le tout à peine de

(1) Titre X. Saugrain, p. 231 sqq.

prison, de confiscation et de punition corporelle selon l'exigence des cas.

» Art. LXXIII. — Ne pourront lesdits Colporteurs tenir Boutique ou Magasin, ni faire imprimer aucune chose en leur nom ou pour leur compte.

» Art. LXXIV. — Seront tenus iceux Colporteurs de porter une Marque ou Ecusson de cuivre au-devant de leurs habits, où sera écrit *Colporteur*, et chacun d'eux aura une Malle, dans laquelle ils porteront les Imprimés qu'ils exposeront en vente, tels qu'ils sont ci-dessus énoncés et qu'il leur est permis de colporter, vendre et débiter; le tout à peine d'amende, de prison, de confiscation et de punition exemplaire. Fait défenses à toutes Personnes sans exception, qui ne seront du nombre des cent vingt Colporteurs, de colporter, exposer en vente, crier par les rues, et débiter en particulier dans cette Ville et Faubourgs de Paris, en aucune manière, ni sous quelque prétexte que ce soit, aucuns Ecrits, Livres ou Livrets, ou autres Imprimés, à peine de prison, et de punition corporelle (1). »

Ils étaient enfin obligés de prendre les journaux qu'ils colportaient au bureau, où on les leur vendait à un prix fixe de douze sols (*Gazettes d'Amsterdam. d'Utrecht, de La Haye, de Leyde, de Cologne, de Bruxelles, de Berne*); ils ne pouvaient ni en recevoir directement, ni en fournir à des particuliers par abonnement (2).

La situation réelle des colporteurs était bien différente de cette situation juridique et administrative. Au dix-huitième siècle, ils ne ressemblaient plus en rien à ces sortes de crieurs de journaux reconnus par les règlements qui ne pouvaient vendre que de petites brochures permises par le gouvernement.

Ils commencèrent par porter chez les particuliers les livres qu'on allait rarement chercher jusque dans le quartier de l'Université chez les libraires; « ce qui, disait un mémoire (3), serait le

(1) Les mss. 21851-21854 contiennent les registres des colporteurs et afficheurs pour les années 1753-56; 1756-58; 1760-61. Chaque colporteur reçu a sa feuille avec son nom, son numéro, sa date de réception et la mention de la médaille de cuivre qu'on lui a délivrée. Après les cent vingt colporteurs reconnus par l'arrêt de 1723, il y a quatre-vingts surnuméraires, qui attendent les places libres pour avoir des numéros. Les mss. 21846-21850 contiennent plusieurs listes de colporteurs pour les années 1740 à 1750.

(2) Avis aux colporteurs du 25 septembre 1759, 22084, 111.

(3) 22116, 5. C'est ainsi qu'ils commencèrent à exercer leur commerce. (Voir Did., *Lettre sur le comm. de la libr.*, p. 73.)

seul colportage tolérable, s'il n'était positivement prohibé par les lois ».

Le nombre des cent vingt colporteurs attitrés fut bientôt dépassé. « Le commerce des livres étant devenu depuis plusieurs années beaucoup plus considérable dans Paris, dit Malesherbes en 1759 (1) et les libraires étant cantonnés dans un seul quartier, il n'a pas été possible d'empêcher que beaucoup de particuliers sans qualité ne se mêlassent de revendre les livres. »

C'était surtout des livres défendus qu'ils débitaient. « C'est une espèce d'hommes, disait Mercier (2), qui font trafic des seuls bons livres qu'on puisse encore lire en France et conséquemment prohibés. On les maltraite horriblement; tous les limiers de la police poursuivent ces malheureux qui ignorent ce qu'ils vendent et qui cacheraient la Bible sous leurs manteaux, si le lieutenant de police s'avisait de défendre la Bible. On les met à la Bastille, pour de futiles brochures qui seront oubliées le lendemain, quelquefois au carcan ». « Ces gens sans qualité, disait Guérin dans son mémoire, en 1763 (3), ont pénétré dans toutes les maisons, ils se sont rendus nécessaires en procurant aux particuliers des livres de toute espèce, vieux, modernes, prohibés et contrefaits. Ils trouvent moyen de les faire entrer dans Paris; ils ont des magasins et entrepôts aux environs de la capitale; ils entreprennent à leurs frais des éditions dont ils achètent directement des auteurs les manuscrits. »

Comme il ne manquait pas de vauriens qui n'hésitaient pas à courir le risque d'une arrestation et d'un embastillement, en vendant des livres prohibés, ce terme de colporteur s'appliqua ainsi au dix-huitième siècle à toute une catégorie d'individus plus ou moins recommandables, gens entreprenants et hardis venant d'un peu partout et qui se trouvèrent des auxiliaires actifs et imprévus des philosophes.

Ceux-là même d'ailleurs étaient connus de la police et surveillés. « La tolérance de ces colporteurs a été établie par nécessité, dit Malesherbes en 1759 (4)... Les Magistrats préposés à la police ont pris le parti d'exiger seulement que ces revendeurs ou colporteurs fussent connus d'eux et les ont autorisés taci-

(1) *Mém. sur la librairie*, p. 154.
(2) *Tableau de Paris*, I, 188.
(3) BN. Rés., F. 719, p. 46.
(4) *Mém. sur la libr.*, p. 154.

tement. » Tous les ans, au printemps, d'Hémery faisait venir chez lui les colporteurs sans qualité qui vendaient sous le manteau, et notait leurs noms et leurs demeures (1). C était encore une de ces contradictions si fréquentes sous l'ancien régime : la police surveillant et réglementant des individus dont elle aurait simplement dû interdire le commerce illicite. L'administration les défendait même contre les libraires qui auraient voulu qu'on les supprimât (2). D'Hémery les connaissait tous et les classait en quatre catégories :

« Les premiers, dit-il (3), colportent tout ce qui regarde le jansénisme et les affaires présentes..., ils tiennent ce qu'ils colportent des imprimeurs jansénistes...

» Les seconds colportent tout ce qui regarde le molinisme, ils sont composés d'abbés et de commissionnaires de séminaires..., ils tiennent ce qu'ils colportent de province...

» Les troisièmes colportent de mauvais manuscrits au sujet des affaires présentes ; ils sont tous des écrivains du palais... Il y a aussi un nommé Magny, commis de l'Opéra, qui a manuscrits quantité de vers et de libelles satiriques dont il vend des copies à des particuliers, qui lui sont adressées par des personnes de connaissance (4).

» Enfin les quatrièmes colportent toutes sortes de livres sans permission... on peut aussi comprendre dans ce nombre les femmes Lamaury, Mazuel et Morel, libraires du Palais, qui vendent de tout, et quantité de garçons libraires et imprimeurs et relieurs. Ils tiennent ce qu'ils vendent des imprimeurs les plus suspects de Paris et de province. »

Il y avait donc, parmi ces colporteurs, toutes sortes de gens, jusqu'à des abbés.

Quelquefois certains auteurs eux-mêmes colportaient leurs ouvrages ; le petit Poincinet, qui avait fait une « sottise impie » intitulée le *Mistifié*, en proposait sous main des souscriptions ; pour douze livres « il s'engageait même à fournir les principaux traits de l'Ancien Testament exécutés dans le même goût » (5) (1763). Le sieur Génard, l'auteur de *l'Ecole de l'homme*, le sieur

(1) Nouv. Acq., 1214, 148.
(2) 22116, 6.
(3) D'Hémery à Berryer, 21 nov. 1753, Nouv. Acq., 1214, 81.
(4) Cf. sur Magny, Nouv. Acq., 1214, 135.
(5) Nouv. Acq., 1214, 406.

Fougère de Montbron, qui avait fait *Margot la ravaudeuse,* et d'autres romans licencieux, ne dédaignaient pas de vendre eux-mêmes leurs ouvrages.

Un invalide, grand homme mal habillé et mystérieux, qui ne disait pas son nom ni son adresse, colportait ainsi chez les particuliers deux petites brochures intitulées, l'une *Pièces amusantes en vers et en prose* et l'autre *Récréation galante.* Il avouait modestement qu'il en était l'auteur et en faisait aimablement présent aux gens qu'il allait ainsi visiter, tout en leur faisant comprendre qu'on avait coutume de lui donner pour le remercier de quoi boire une bouteille. On ne pouvait s'en débarrasser à moins de douze sols (1).

Un jour, en 1759, à deux heures de l'après-midi, la comtesse de Chastenay étant à table avec son mari et un de ses amis, sa femme de chambre lui apporta un manuscrit dont le titre était *Etat des affaires du royaume, des revenus du roi, de ses dépenses particulières, plusieurs remarques sur le gouvernement,* etc. « Voici, ajoute la comtesse (2), à peu près le titre du manuscrit. Cette femme me dit que celui qui le voulait vendre était sans doute un étranger, qu'elle n'entendait pas trop son langage... Je lui dis de le faire entrer. Il était en redingote, je lui demandai de quel pays il était, il me répondit : Alsacien. Je parlai allemand avec lui (3) et je trouvai que son accent n'était rien moins qu'alsacien... Je lui dis : Est-ce vous qui écrivez cela ? Il me répondit : Oui, madame... Je lui demandai combien il vendait son manuscrit : Neuf livres, dit-il, mais Madame m'en donnera ce qu'elle voudra ; si j'osais, je prendrais la liberté de le lui offrir à cause du pays et pour avoir l'honneur de sa protection. Je lui dis que dans ce moment je ne pouvais voir si son ouvrage était exact, qu'il pourrait venir jeudi à 3 heures au plus tard, que je l'examinerais. » Elle l'examina en effet et prévint même le lieutenant de police Bertin, de sorte qu'au rendez-vous du jeudi le pauvre colporteur Sybourg, qui était un Suisse natif de Moussa, eut la désagréable surprise de rencontrer chez Mme de Chastenay l'inspecteur d'Hémery qui l'arrêta, l'enferma à la Bastille, puis le fit exiler du royaume. Ce pauvre homme avait un bien vif amour-propre d'au-

(1) 22158, 155 v°.

(2) Lettre de la Comtesse de Chastenay à Bertin, 21 juin 1759. *Archives de la Bastille,* XVI, 299.

(3) Elle était allemande naturalisée française.

teur ou de grands besoins d'argent, car il revint à Paris en 1766, se remit à vendre son *Etat actuel des finances* et fut de nouveau arrêté (1).

Un autre auteur, un officier réformé, Dumoulin, se présentait aussi dans les « grosses maisons » avec ses deux fils sous prétexte de vendre la *Géographie de la France* dont il était l'auteur. Il est vrai qu'en même temps, il colportait aussi les livres les plus défendus (2).

Enfin, un sieur Rolec, auteur du *Mentor philosophique*, mais qui n'était qu' « une espèce de mendiant », usait de toutes sortes de ruses pour attraper le public et vendre son livre à l'entrée des Tuileries (3).

Mais il était en somme assez rare de voir des auteurs colporter ainsi leurs propres ouvrages. Parfois leurs amis, leurs partisans, leurs protecteurs leur rendaient ce service. Ainsi, pour vendre le *Procès* de la Chalotais, les magistrats du Parlement se faisaient eux-mêmes colporteurs (4). Les *Remontrances de la Chambre des comptes au Roi sur l'édit de décembre* 1764 *concernant la libération des dettes de l'Etat* étaient également distribuées au Palais, mais par des garçons de chambre et par des commis greffiers qui les vendaient aux avocats ou par les laquais de Messieurs de la Chambre des Comptes et de la Cour des Aydes (5).

Comme beaucoup de gens du monde s'intéressaient à tous les livres défendus, ils s'occupaient parfois eux-mêmes de les vendre. « Il y a eu un temps, dit Malesherbes (6), où quelques auteurs imaginèrent de ne pas faire vendre leurs livres par les marchands ou colporteurs ; ils en remettaient un certain nombre aux personnes de leur société, qui les distribuaient au public. C'étaient surtout des dames, protectrices de la littérature, qui rendaient ce service aux auteurs de leurs amis. » En 1757, Mme d'Epinay débita elle-même en deux jours plus de cent exemplaires de ses *Entretiens sur le Fils naturel* de Diderot (7). Voltaire se fit ainsi le colporteur de Marmontel pour son premier poème couronné à l'Académie ; il le porta à Fontainebleau, le vendit à toute la Cour

(1) *Archives de la Bastille*, XVII, 291 et 469.
(2) Nouv. Acq., 1214, 458.
(3) 22160, 87.
(4) Hardy, déc. 1768, I, 196.
(5) 22097, 51.
(6) *Lib. de la presse*, p. 60. Cf. Mal., *Mém. sur la libr.*, p. 49.
(7) *Mém.* de Mme d'Epinay, II, 343.

et revint chez Marmontel avec son chapeau rempli d'écus (1). Enfin, en 1787, la Maréchale de Noailles allait elle-même porter dans toutes les maisons un libelle qu'elle avait fait faire contre les projets libéraux du gouvernement sur les Protestants.

Le plus souvent c'étaient des domestiques ou des valets de chambre qu'on chargeait ou qui se chargeaient eux-mêmes du soin de vendre ces sortes d'ouvrages. « Sous prétexte de l'appui de leurs maitres et de la commodité qu'ils avaient d'entrer dans telle ou telle maison », ils allaient les porter chez beaucoup de gens qui n'auraient pu les trouver facilement ailleurs (2). Et ce colporteur, Dumarchais, qui vendait une *Histoire de Mlle Brion dite de Launay*, dont un gendarme de la garde, Le Boucher, était l'auteur, n'était-il pas tout simplement un laquais ou un ancien laquais, puisqu'il avait pour tout domicile un lit dans l'antichambre de M. Catherin, substitut du procureur général (3)?

Enfin les véritables colporteurs, les garçons relieurs ou les papetiers (4) qui faisaient couramment le commerce des livres défendus, tout en se donnant gratuitement le titre de libraires, étaient protégés par leurs nobles clients qui « trouvaient très commode qu'on vint ainsi leur présenter le matin les petites nouveautés du jour » (5). Grâce au besoin général qu'on avait d'eux, ils finirent par se faire une situation importante à Paris.

« J'ai dit aussi, disait encore Malesherbes (6), qu'en France le commerce illicite des livres est favorisé par le public entier ; je peux ajouter qu'il est quelquefois protégé par les personnes les plus considérables.

» Cela n'est pas étonnant. La lecture est l'aliment de l'esprit, et la lecture d'un grand nombre de livres qu'on ne permet pas, est devenue, pour la plupart des lecteurs français, un aliment nécessaire.

» Les libraires et colporteurs qui ont souvent des affaires fâcheuses à craindre, cherchent à se faire des protecteurs pour l'occasion. Cela leur est aisé en procurant aux amateurs les livres

(1) Marmontel, *Mém.*, p. 69.
(2) 22123, 19.
(3) Nouv. Acq., 1214, 95.
(4) 22156, 97, r° et 22099 : En 1768, Bailly, relieur et chantre à Sainte-Croix dans la Cité, vend l'*Homme aux quarante écus*; Bacot, relieur, vend le *Christianisme dévoilé*, etc.
(5) Did., *Lettre sur le comm. de la libr.*, p. 70.
(6) *Lib. de la presse*, p. 59.

qui sont encore rares. Ils mettent quelquefois dans leurs intérêts ceux même dont ils craignent la rigueur.

» Les ministres d'Etat, les évêques qui donnent des mandements contre les livres, les magistrats qui les dénoncent, ont souvent eux-mêmes la fantaisie d'avoir les premiers un livre qui n'est pas permis. Ils ont leurs libraires ou colporteurs affidés, qui sûrement les servent avec beaucoup de zèle. Quelquefois même un libraire qui fait une entreprise secrète, en fait confidence à ses protecteurs et prend la liberté de leur faire présent d'un exemplaire plusieurs jours avant que le public ait entendu parler du livre.

» Il n'y a guère d'amateurs de livres qui ne soient sensibles à cette attention. C'est un petit hommage que presque personne ne refuse et qui donne de la bienveillance pour celui de qui on l'a reçu. »

Aussi, grâce à ces puissantes protections, les colporteurs prétendaient-ils bien n'être jamais déshonorés par aucune condamnation grave. « La société ou l'académie des colporteurs, disent les *Mémoires secrets* en 1777 (1), quoique n'existant que sous l'influence de la police, quoique soumise à ses ordres, à ses défenses, à ses corrections, à ses punitions, etc., se fait cependant un point d'honneur de n'avoir aucun de ses membres flétri par une sentence juridique (2). » Ainsi, quand en 1777, un des leurs, un nommé Prot, fut arrêté et menacé d'être sévèrement condamné, ils se donnèrent beaucoup de mouvements pour le soustraire à la justice. Son crime était pourtant très grave, « puisque la Reine même exigeait son supplice » (il devait s'agir de quelqu'un de ces infâmes pamphlets qui commençaient à circuler contre Marie-Antoinette); mais on parvint « à calmer Sa Majesté », et Prot en fut quitte pour un an de Bicêtre et sa destitution « d'un métier qu'il entendait si mal (3) ».

Certains colporteurs arrivèrent ainsi à de très belles situations. L'un d'eux, Corbie, qui avait rendu de grands services à Voltaire en 1755 au moment de la première édition de la *Pucelle*, quitta les affaires de librairie pour devenir commis des guerres, et usa encore du crédit qu'il avait acquis dans cette nouvelle position pour aider ses anciens clients, les philosophes (4).

(1) 6 juin, X, 161.
(2) Ils étaient pourtant très fréquemment embastillés.
(3) *Mém. sec.*, *Ibid.*
(4) Il fit plusieurs démarches pour éviter qu'on ne saisît chez Panckoucke en 1770 le *Supplément à l'Encyclopédie*. Il n'y réussit d'ailleurs pas.

Un autre, Lefèvre, était installé à Versailles; c'était un véritable éditeur. Il finit par être reçu libraire et épousa la fille de Mérigot, un maître-libraire de Paris. Son imprimeur était Robert Machuel, de Rouen. Il avait à Versailles un magasin très considérable, où il recevait tous les ouvrages prohibés qu'il faisait ensuite entrer à Paris. Il était en quelque sorte le colporteur ordinaire de la Cour : il avait une Boutique dans le parc de Versailles au bas de la rampe et sa femme en avait une autre au pied de l'escalier de marbre (1). Il suivait la Cour dans ses déplacements. A Compiègne, il était un des libraires du château. En 1767, au moment où paraissaient tant d'ouvrages philosophiques, il avait toutes les nouveautés, et même de vieux livres condamnés, comme le *Dictionnaire philosophique*, ou la *Nature*, de Robinet. Il en avait tout un magasin dans sa chambre, en vendait à d'autres colporteurs et même avait l'audace d'en étaler dans sa boutique plusieurs et non des moindres, comme *les Mœurs*, *la Pucelle* et *l'Antiquité dévoilée* (2). L'année suivante c'étaient encore *le Catéchumène*, *le Christianisme dévoilé*, *l'Homme aux quarante écus*, *le Dîner de Boulainvilliers* et autres du même genre qu'il y vendait (3). Il fut arrêté et condamné plusieurs fois pour délits de librairie, et la dernière fois, en 1777, pour avoir vendu des libelles injurieux à la Reine. Il dut se retirer à Rouen, puis à Orléans, où il se livra à un commerce moins dangereux, celui des jouets (4).

Un de ses correspondants et fournisseurs ordinaires sut se tirer bien mieux d'affaire. Joseph Merlin commença par être relieur, rue Saint-Hilaire, mais il ne tarda pas à se faire colporteur sans qualité. Il flaira d'où venait le vent, découvrit de bonne heure quels beaux bénéfices il pourrait réaliser en débitant les ouvrages des philosophes, et, puisque les colporteurs se spécialisaient dans un genre de « prohibé », il choisit, lui, le genre philosophique. Dès 1754 il vendait des *Maupertuisiana* et des *Hommes-Machines* de La Mettrie, et, comme il ne s'était pas présenté au visa auquel étaient assujettis les colporteurs sous le manteau, d'Hémery alla perquisitionner chez lui, y trouva ces livres et le conduisit en prison au petit Châtelet (5). Mais il ne se découragea

(1) Nouv. Acq., 1214, 404.
(2) Nouv. Acq., 1214, 506.
(3) 22 099, 69.
(4) Il semble bien extraordinaire qu'il n'ait pas su lire, comme le dit la *Bastille dévoilée*, V, 24.
(5) Nouv. Acq., 1214, 122.

pas; sitôt relâché, il entra en relation avec des amis de Voltaire, dont il devint un des correspondants à Paris. Neuf ans plus tard, en 1763, il recevait l'édition que les Cramer venaient de faire de l'*Essai sur les Mœurs* et il la débitait à Paris. En 1764, ce fut lui qui donna à Machuel l'exemplaire de la *Tolérance*, sur lequel fut faite la contrefaçon française. De plus, il était chargé d'envoyer à Ferney les livres dont Voltaire avait besoin. Ainsi « ce bon diable » de Merlin, « l'enchanteur Merlin », comme disait encore Voltaire, gagnait-il beaucoup d'argent en « distribuant le pain aux fidèles » (1). Il devint une manière de personnage à Paris; et l'amitié de Voltaire dut lui valoir de puissants protecteurs; car il fut, en 1764, l'objet d'une faveur tout à fait extraordinaire.

Quoiqu'il n'eût pas fait son temps d'apprentissage, quoiqu'il fût refusé par la Chambre syndicale, en dérogation à tous les règlements, un arrêt du Conseil d'Etat du 4 juin 1764 obligea la Communauté à le recevoir comme libraire (2), ce qu'elle fit le 22 juin (3). Le pauvre colporteur sous le manteau devenait l'égal des plus fiers libraires de la rue Saint-Jacques.

Il continua à rester en excellents termes avec tout le monde philosophique. En 1765, il avait dans sa boutique la *Philosophie de l'histoire*. Il en avait reçu en feuilles, de Genève, deux cents exemplaires qu'il avait fait brocher à Paris (4). En 1769, il recevait de même cent exemplaires des tomes V, VI et VII des *Œuvres* de Voltaire, qu'il faisait brocher par un de ses anciens confrères ou maîtres de la rue Saint-Hilaire, le relieur Bradel (5). Il était toujours chargé par Voltaire de lui envoyer les livres nouveaux et de donner des exemplaires de ses œuvres aux personnes à qui il désirait faire une politesse (6). Il avait aussi l'habitude, pour se fournir de sa marchandise ordinaire, d'acheter à un commis, Marolles, les livres qui avaient été saisis chez d'autres libraires et qu'il revendait ensuite sans être nullement inquiété (7).

Ce protégé de Damilaville (8), ce correspondant de Voltaire,

(1) Voltaire à Damilaville, 26 juillet 1764.
(2) 22116, 13.
(3) Lottin, p. 124.
(4) 22097, 65.
(5) Nouv. Acq., 1214, 568.
(6) Voltaire à Damilaville, 27 janvier 1766.
(7) 22097, 65.
(8) Voltaire à Damilaville, 27 janvier 1766.

était aussi l'ami de Diderot et de Marmontel. C'est lui qui prévint un jour ce dernier qu'on avait pris une copie de son poème de la *Neuvaine de Cythère,* et Marmontel effrayé disait à Diderot : « Mon ami, je suis perdu. — Qu'est-ce qu'il y a ? — Je suis perdu : on a une copie de mon poème, c'est Damilaville qui l'a dit à Merlin et c'est Merlin qui me l'a dit. Je ne l'ai prêté qu'à vous et à un autre (1). » Merlin savait ainsi rendre aux philosophes des services, parfois même assez délicats ; l'entremise de sa femme, qui avait les bonnes grâces du chancelier Maupeou, ne fut pas inutile à Marmontel lors de la publication de *Bélisaire* en 1767. C'est encore lui qui était le libraire de Mme du Deffand. Celle-ci terminait ainsi, en 1770, une lettre qu'elle adressait à Voltaire dont elle s'occupait de réunir toutes les œuvres. « Voici le libraire, Monsieur Merlin, que j'attendais, je vous quitte pour travailler avec lui. Adieu (2). » Enfin il était devenu le libraire et même l'éditeur du marquis de Ximénès, cet autre ami de Voltaire. Il n'avait d'ailleurs pas à se louer beaucoup de cette connaissance. Ximénès lui envoya en 1768 neuf cents exemplaires de son *Examen des meilleures tragédies de Racine,* en lui assurant qu'il avait une permission tacite, ce qui était parfaitement faux. On fit une perquisition chez lui, et on y saisit l'ouvrage du marquis (3).

Est-ce à la suite de beaucoup de saisies de ce genre que ses affaires se gâtèrent ? Est-ce qu'il fut forcé par l'administration de liquider ? Toujours est-il qu'en 1779 il fit une vente de tous ses livres, qu'il abandonnait à ses créanciers. Il y en avait beaucoup et de toutes sortes, de petits ouvrages légers comme les *Mémoires d'Azéma,* le *Marquis à la mode,* des ouvrages philosophiques comme les *Mémoires de Calas,* les *Œuvres* de Voltaire, celles de Rousseau, l'*Esprit de l'Encyclopédie,* des livres tout à fait neutres comme les *Recherches sur l'équitation* ou la *Pharsale* et même des ouvrages comme le *Dictionnaire anti-philosophique,* la *Réfutation de Bélisaire,* l'*Anti-sans-souci* (4).

Après cette vente on n'entend plus parler de lui ; il ne mourut pourtant qu'en 1783 (5).

(1) Diderot à Mlle Volland, 21 juillet 1755, t. XIX, p. 155.
(2) 9 décembre 1770, II, 109.
(3) Nouv. Acq., 1214, 533.
(4) 22037, 2.
(5) Lottin, p. 124.

Un émule de l'enchanteur Merlin fut Robin,

« . . . . ce pauvre Robin
Robin-mouton qui par la ville
Vendait tout pour un peu de pain (1). »

Il colportait généralement des ouvrages qu'on adressait à Paris au libraire Desaint, comme l'*Histoire de Russie* de Voltaire en 1759 ou la *Vision de Palissot* de Morellet en 1762. Joly de Fleury disait à Malesherbes, vers cette époque, qu'il était « le centre de toutes les mauvaises productions » ; il vendait alors notamment les éditions contrefaites de l'*Esprit* (2).

Ce Robin était le fils d'un marchand mercier, honnête homme, qui eut peu à se louer du mariage de ses deux filles, l'une ayant épousé un certain Cl. David, avocat, mais mauvais sujet, qui fut condamné aux galères, et l'autre un chirurgien De La Borde qui fut roué vif en Grève ; Robin, lui, se fit colporteur (3). Il jouissait de la protection du duc d'Orléans et avait obtenu de lui l'autorisation d'avoir une petite boutique au Palais-Royal. Mais il ambitionnait mieux. Il rêvait d'être reçu libraire et voulut, selon les règles, commencer par être « apprentif ». Les libraires le voyaient d'un très mauvais œil et refusèrent, malgré les recommandations du duc d'Orléans, de lui enregistrer son brevet. Car il était marié, ce qui était contraire aux règlements, les apprentis devant être célibataires, il ne pouvait pas payer les trois mille livres qu'on exigeait de lui et il n'avait pas le certificat de latinité du recteur. On fit même à ce moment une saisie chez lui de tous ses livres. Mais un protégé du duc d'Orléans ne pouvait pas échouer aussi misérablement. Des amis du duc de Chartres, le fils du duc d'Orléans, MM. de Pont et de Foncemagne, parlèrent de lui à Malesherbes. On lui procura les trois mille livres, on pria le recteur de lui donner un certificat, il put faire son apprentissage chez Prault (4) et le 16 mars 1764 il était reçu libraire (5). Il s'installa passage du Saumon, paroisse Saint-Eustache. Il y mourut en 1784 et sa fille lui succéda jusqu'en 1788 (6). Il ne cessa pas de vendre les ouvrages les plus défendus ; l'*Espion chinois*, la *Philosophie*

(1) D'Alembert à Voltaire, 16 juin 1760.
(2) 14 mars 1759. Nouv. Acq., 3345, 220.
(3) Bibl. de la Ville de Paris. Dixième carton des pièces manuscrites et imprimées sur la librairie aux dix-septième et dix-huitième siècles.
(4) Lottin, p. 149.
(5) 22068, 50 *bis*.
(6) Lottin, *ibid*.

de la nature, voisinaient dans sa boutique avec les *Œuvres* de La Mettrie et les *Lettres de la Montagne* (1).

Beaucoup d'autres colporteurs faisaient encore le commerce des livres prohibés. C'étaient Kolman, Prudent de Roncours, L'Ecuyer, Pasdeloup, Ormancey, dont les noms se retrouvent constamment sur les registres de la Bastille ou dans les procès-verbaux de saisies. Il y avait aussi bien des femmes que des hommes ; l'une d'elles, la « Grande Javotte », avait eu l'adresse de se faire épouser en 1752 par un libraire du Palais. Le vieil Auclou, âgé de plus de soixante ans, infirme et retiré des affaires, ne tarda pas à mourir ; mais la veuve Auclou, se targuant de son titre de veuve de libraire, continua à tenir sa boutique au Palais et à y vendre les plus mauvais livres (2). Elle prit une fille de boutique, la veuve Allaneau, qui devint aussi une manière de colporteuse. C'est elle qui répandit à Paris en 1760 l'*Oracle des Anciens fidèles*, ce qui lui valut un séjour à la Bastille. En 1764, âgée de soixante-dix ans, elle vendait encore des livres défendus et s'occupait même de les faire imprimer en province (3).

Ces colporteurs finirent par devenir des personnages si importants, qu'on fut obligé de reconnaître presque officiellement leur existence. Les libraires se mirent à en recevoir plus de quatre-vingts en plus des cent vingt dès 1755 (4). La police les connaissait tous, mais les tolérait. Il y en avait seulement quelquefois « qui étaient pris pour avoir débité des livres que le Gouvernement voulait sérieusement défendre. On les mettait en prison, on les ruinait, eux et leur famille, et ces malheureux étaient bien dignes de pitié ; car ils ne pouvaient pas juger par eux-mêmes si une brochure méritait l'animadversion de la police. Ils étaient punis pour avoir fait une fois ce qu'ils faisaient tous les jours, et ce que leurs camarades faisaient comme eux, sans que la police l'ignorât (5). »

On voulut pourtant donner à quelques-uns d'entre eux une situation plus régulière et moins dangereuse. Nous avons vu comment Robin et Merlin furent en quelque sorte imposés à la Communauté des libraires en 1764. Trois ans après, dans sa lettre à

(1) 22097, 95.
(2) 22106, 42.
(3) 22096, 63-64.
(4) Nouv. Acq., 1214, 138, 201.
(5) Malesherbes, *Lib. de la presse*, p. 57.

Sartine (1), Diderot proposait « qu'on séparât de la multitude de ces intrus (les colporteurs) une vingtaine des moins notés, s'ils s'y trouvaient » et il assurait « que les libraires ne refuseraient point de se les affilier ». La même année, un édit du roi portait création dans chaque corporation parisienne de douze brevets, devant tenir lieu de lettres de maîtrise : ces brevets coûtaient douze cents livres. Or, les douze nouveaux libraires furent presque tous des colporteurs. Ainsi Gauguery, qui avait commencé par être le domestique d'un abbé, avait acquis comme colporteur la protection de M. de Saint-Priest; Lallemand, ancien garçon de Duchesne, et Segault, ancien garçon relieur, étaient devenus l'un et l'autre colporteurs avant d'obtenir leurs brevets de libraires (2).

Cet édit souleva de violentes protestations à la Communauté des libraires. Un huissier de la chaîne dut s'y transporter et enregistrer lui-même l'édit du roi. Ce fut un véritable lit de justice. Les libraires furent alors bien forcés de les recevoir, mais ils les mirent sur un nouveau tableau dans une classe séparée des autres, et ils ne voulurent point les appeler aux processions du recteur, parce qu'ils n'avaient pas la qualité de « libraires jurés » de l'Université, ni les élire comme syndic ou adjoints (3).

III

Certains colporteurs, même ceux qui n'étaient pas ainsi reçus libraires, traitaient les affaires comme des libraires ordinaires. L'un d'eux avait une sorte de catalogue imprimé où il annonçait toutes les nouveautés et où il donnait son adresse :

A Paris, le 1er août 1760.

Monsieur,

Ayant quitté Messieurs les frères Estienne, où j'ai resté vingt-deux ans, pour ne m'occuper que de la librairie (quoique n'étant point libraire), je viens de faire l'acquisition de l'*Histoire de Saladin*, 2 vol. in-12, je vous l'offre à 2 l. 10 s. en feuilles; j'attendrai vos ordres pour vous en envoyer; en outre, si vous avez besoin des *Œuvres de Rousseau*, 2 vol. in-12 en blanc, 3 l. 10 s.; *Le Philosophe de Sans-souci*, in-8°, 2 vol. avec *les Variantes*, 3 l. 10 s., blanc, et *l'Histoire de la Constitution*, par Laffiteau,

(1) Diderot, *Lettre sur le commerce de la librairie*, p. 70.
(2) 22066, 74.
(3) 30 octobre 1767. Hardy, IIe partie, I, 139.

2 vol. in-12, blanc, 3 l. 10 s. Je vous offre, en outre, tout ce qui dépend de moi, tant pour la librairie que pour la commission. Je prendrai avec vous tous les arrangements nécessaires. J'ai l'honneur d'être

Votre très humble serviteur.

Rue Saint-Jacques, *A la ville du Canada.*

J'ai à votre service tout ce qui concerne l'affaire de Portugal et les affaires du temps, et toutes les brochures nouvelles (1).

Mais c'est là un cas isolé, et il n'était guère prudent de vendre si publiquement des livres défendus. Le métier de colporteur était réellement très différent de celui de libraire.

Les colporteurs n'avaient généralement pas de magasin de vente. Ils avaient leurs livres chez eux, mais ils ne les y vendaient pas, ou s'ils le faisaient, c'était avec de grandes précautions. Corbie avait bien chez lui, en 1752, trois cents exemplaires d'un roman très défendu par Malesherbes, intitulé *Ema*, mais bien loin de l'annoncer par une circulaire, comme tout à l'heure, il le gardait soigneusement caché chez lui et ne le donnait qu'aux personnes qui avaient des cartes de M. de Bissy, l'auteur, pour en venir chercher (2).

Le plus souvent, les colporteurs colportaient véritablement eux-mêmes les livres et les portaient à domicile. Quelquefois ils le faisaient pour le compte de certaines personnes qui avaient intérêt à répandre leurs idées dans le public, et il n'est pas rare de voir les colporteurs aux gages du gouvernement ou d'un parti politique de mécontents. Ainsi, en 1749, on fit déposer sous enveloppe, à la porte de beaucoup de personnes de considération, un imprimé séditieux par lequel on exhortait le public à ne plus payer l'impôt du vingtième (3).

Mais, le plus généralement, les colporteurs ne se contentaient pas de déposer les livres chez les concierges ; ils entraient dans les maisons et venaient montrer leurs marchandises à leurs protecteurs. Ils se mêlaient à la foule de ces clients qui gravitaient autour d'un grand seigneur, au moment de sa toilette. Voici comment Mme d'Epinay, dans ses *Mémoires* (4), raconte son entrée dans la chambre de son mari le matin : « Les deux estaffiers crient

(1) 22115 (sur les colporteurs), 118.
(2) 22157, 28 r°.
(3) 22109, 39.
(4) I, 357.

dans l'antichambre : Voilà Madame, messieurs, voilà Madame. Tout le monde se range en haie ; et ces messieurs sont des marchands d'étoffes, des marchands d'instruments, des bijoutiers, des colporteurs, des laquais, des décrotteurs, des créanciers, enfin tout ce que vous pouvez imaginer, de plus ridicule et de plus affligeant. »

Le colporteur était donc un des fournisseurs habituels des gens du monde, comme leurs bijoutiers ou leurs marchands d'étoffes. Leur métier les mettait en rapport avec beaucoup de personnes de qualité, et ils connaissaient bien les scandales de la cour et de la ville. Chevrier fit un conte assez leste avec les histoires qu'un colporteur est censé raconter à une marquise et à son amant. Ce M. Brochure, « le colporteur le mieux fourni et le plus scandaleux du royaume », n'est pas d'ailleurs un vrai colporteur, mais un mouchard. Il est aux gages de la police ; on ne lui a donné une médaille de colporteur et des livres que pour qu'il ait prétexte à s'introduire dans les maisons et à « épier les aventures galantes dont il compose tous les soirs un petit mémoire qu'il porte au bureau (1); » et c'est un bon nombre de ces histoires assez salées qu'il raconte à la Marquise et au Chevalier.

Les colporteurs avaient donc l'habitude d'aller relancer leurs clients jusque chez eux. Nous avons déjà vu comment Mme du Deffand travaillait avec Merlin (qui était alors libraire, il est vrai, mais peu importe) et comment de pauvres auteurs allaient rançonner les gens chez eux.

Mais ils ne se contentaient pas de ces visites dans les maisons particulières; ils allaient aussi dans les hôtelleries, les cabarets, les cafés, les théâtres (2). Kolman avait l'habitude de vendre des livres dans la salle de l'Opéra (3) ; la veuve Auclou, que nous avons déjà rencontrée au Palais, colportait des libelles relatifs aux affaires du temps, aux promenades et dans les cafés (4) ; le marchand mercier Duchesne (Jean-Baptiste, ce n'est pas le libraire) se faisait aussi arrêter pour avoir vendu dans les cafés des *Réflexions sur l'attentat de Damiens* (5).

Ils allaient enfin souvent simplement dans les rues et même

(1) Chevrier, *Le Colporteur*, p. 21.
(2) 22073, 37.
(3) Arch. Nat., O. 407, f° 263.
(4) Nouv. Acq., 1214, 78.
(5) Archives de la Bastille (Bib. de l'Ars.), 11 597, 146.

ils y étalaient leurs marchandises. Ils furent les précurseurs de nos bouquinistes des quais. Ils aimaient particulièrement les bords de la Seine et les ponts ainsi que les carrefours et les places publiques. « Pour mieux couvrir leur mauvaise pratique, ils affectaient de garnir ces étalages d'autres livres vieux ou neufs, la plupart vendus ou volés par des enfants de famille ou des domestiques et recélés par eux (1). » Le commerce des livres n'était autorisé que sur le quai des Augustins et le quai de Conti (2). Mais on pense bien que ces limites n'étaient pas scrupuleusement respectées. La Grande Javotte, avant son mariage avec Auclou, étalait sur le quai de Gesvres (3); Cholin s'était établi aux écuries de Madame la Dauphine, quai Malaquais (4); la police des rues était faite par des archers ou des sergents du guet avec qui il n'était pas impossible de s'entendre. Il en coûtait seulement douze livres par mois à Couet pour que sa femme étalât en toute sécurité sur un pont (5). Du moins ce marché passé avec l'agent Hamard était-il secret. Mais un brocanteur, J. Porcher, avait l'audace d'offrir devant tout le monde à un sergent qui l'arrêtait un écu de six livres s'il voulait le relâcher. Le sergent, honnête homme, refusait et conduisait Porcher chez le commissaire Merlin; mais ce dernier le renvoyait en liberté; il est vrai que le magistrat traitait ensuite le commissaire « comme un nègre » (6).

Même dans la rue, les colporteurs savaient se ménager des protections, qui, pour être moins nobles, n'en étaient que plus efficaces. Comme ils sortaient eux-mêmes du peuple, ils avaient toujours pour eux l'appui de la foule dans les altercations avec les gens de police (7). Certains d'entre eux savaient profiter habilement de leurs situations personnelles. Il était difficile d'arrêter les domestiques ou les valets de grandes maisons (8) ou les soldats qui, en 1757, vendaient ouvertement dans la rue des *Relations de l'assassinat du roi*, pour six liards (9). D'autant qu'ils avaient l'adresse de se garantir contre les menaces de la police. Lasnier était un soldat de la Compagnie de Cornillon aux Gardes

(1) 22073, 37.
(2) 22115, 100.
(3) 22106, 42.
(4) 22153, 106.
(5) Nouv. Acq., 1214, 160.
(6) Nouv. Acq., 1214, 163.
(7) 22073, 37.
(8) 22123, 19.
(9) Nouv. Acq., 1214, 145.

françaises du faubourg Saint-Denis. Il avait ajouté à cette qualité celle de colporteur, et osait étaler ses livres sur le Pont-Neuf. Il y fut arrêté une première fois en 1756 et se fit conduire devant le sergent des Gardes françaises de garde au bout du pont, mais il n'échappa pas à quatre jours de prison. Il n'en continua pas moins son commerce, il se décida seulement à se rapprocher de son quartier et transporta son étalage, qui était considérable, dans le carrefour de l'Ecole, en face de son corps de garde (1). Il était bien placé là pour narguer la police.

Néanmoins, il n'était jamais très prudent d'avoir un étalage dans la rue. Il valait mieux avoir sur soi les livres et les proposer directement aux passants. Car ces pauvres gens méritaient le plus souvent leur nom de colporteur sous le manteau. L'un d'eux, en 1760, arrêtait les gens dans la rue pour leur demander s'ils voulaient acheter du nouveau. Quand on lui répondait affirmativement, il tirait de sa poche un paquet qui contenait huit à dix exemplaires de l'*Oracle des anciens fidèles* et il les offrait pour trente sols. Il aborda ainsi un jour, rue du Cherche-Midi, l'abbé de Graves (2) au moment où il sortait de chez Mme d'Armagnac; cette rencontre ne fut pas très heureuse : elle lui valut une dénonciation en règle et un emprisonnement (3). Un autre, Frédéric Maure, se promenait dans les rues en tenant à la main des arrêts ou autres choses permises, mais il avait aussi sous son manteau des livres suspects « qu'il n'annonçait qu'aux gens comme il faut... après quoi, il s'en allait, de sorte qu'il ne restait qu'environ une heure à la même place (4). »

Mais le plus sûr était encore de s'installer dans les lieux privilégiés. On appelait ainsi certaines maisons de Paris appartenant au Roi, à Monsieur, au duc d'Orléans, à l'Ordre de Malte ou aux Templiers, enfin des collèges ou des maisons religieuses (5). Il en était de même dans toutes les grandes villes. Ainsi à Lyon, quand Bourgelat y fut nommé inspecteur de la librairie par Malesherbes, en 1760, il trouva « qu'il y avait beaucoup à faire dans le commerce

(1) Nouv. Acq., 1214, 169 et 195.

(2) C'était un ecclésiastique assez jésuite d'allure, qui portait un intérêt tout spécial à Rousseau et qui joua un certain rôle dans l'histoire de l'impression de l'*Emile*.

(3) Lettre de Graves à Malesherbes, décembre 1760. Nouv. Acq., 3348, 11.

(4) 1757. Nouv. Acq., 1214, 205, et *Archives de la Bastille*, XII, 441.

(5) « Leur nombre s'accrut, dit Diderot des colporteurs au commerce desquels il est nettement hostile; ils entrèrent partout; ils trouvèrent de la faveur et bientôt ils eurent au Palais-Royal, au Temple et dans les autres palais et lieux privilégiés des boutiques et des magasins. » (*Lettre sur le commerce de la librairie*, p. 73.)

de la librairie pour y mettre un certain ordre », et que le premier abus auquel il fallait remédier était précisément l'habitude qu'avaient prise les libraires clandestins d'avoir des magasins inconnus dans les couvents des Cordeliers, des Augustins, des Jacobins. Or, « de tels lieux étaient totalement interdits » et on ne pouvait pas y faire de perquisition (1). Les couvents et les collèges, qui étaient extrêmement nombreux à Paris, devaient être d'excellents endroits pour le recel des mauvais livres. Ratillon en avait ainsi un important magasin au collège de Lisieux en 1752 (2).

Il était d'ailleurs expressément défendu de vendre aucun livre dans les lieux privilégiés, ainsi que dans les théâtres. Mais, « quand l'esprit devint à la mode et que le goût littéraire eut pris le dessus, on vit des libraires, ou plutôt des marchands de livres, partout et... surtout dans les lieux privilégiés et dans les spectacles. D'abord ils ne vendaient dans les maisons royales que les livres revêtus des permissions les plus authentiques et dans les spectacles que les pièces qu'on y représentait, ...mais bientôt les marchands se mirent sur le pied d'y vendre non seulement des ouvrages avec permission tacite, mais encore les plus répréhensibles qu'ils n'avaient point ordinairement sur eux, mais qu'ils portaient avec beaucoup de précautions chez les personnes de leur connaissance et dont ils étaient sûrs ». Et D'Hémery, qui nous donne tous ces détails, conclut : « C'est de cette façon que tous les livres contre la religion se répandirent (3). »

Car ces lieux privilégiés étaient exclus de la surveillance de la Chambre syndicale. Théoriquement, les syndic et adjoints avaient parfaitement le droit d'y pénétrer et d'y perquisitionner (4); ils pouvaient même « faire procéder par bris et rupture des portes (5) » : mais en pratique « les officiers de police et de librairie n'osaient pas y pénétrer (6) parce qu'ils ne voulaient pas se brouiller avec les princes », et cette timidité, qui n'était que le simple respect d'un de ces privilèges traditionnels auxquels les mœurs de l'époque ne savaient pas déroger, était la source des plus grands abus. Malesherbes le comprit très bien dès qu'il fut chargé de la librairie, et il tenta d'y remédier. Il en porta ses plaintes à son

(1) Nouv. Acq., 3347, 404.
(2) 22075, 5.
(3) 22123, 3, Mém. de Nov. 1766.
(4) Saugrain, p. 267.
(5) *Ibid.*, p. 274.
(6) 22145, 23, et 22123, 6.

père, le Chancelier de Lamoignon, qui en parla au roi lui-même et qui consulta les magistrats préposés à la police de Paris. Le résultat de toutes ces conférences fut qu'il était impossible de rien faire ; et, malgré les demandes réitérées de Malesherbes, jamais Louis XV ne prit une mesure dont la nécessité était évidente (1). Ce n'est qu'en 1787, deux ans à peine avant la Révolution, que Louis XVI se décida à rendre un arrêt du Conseil d'Etat concernant le commerce de librairie dans les lieux privilégiés :

« Le Roi ayant été informé que la plupart des Libelles, Peintures, Estampes, Dessins et autres objets semblables contraires à la Religion et aux bonnes mœurs se débitaient principalement par des personnes sans qualité pour ces différents genres de commerce, qu'afin d'éviter la surveillance de la Chambre syndicale, ces personnes avaient soin de se retirer dans des lieux privilégiés ; Sa Majesté aurait jugé convenable de suspendre jusqu'à ce qu'elle en eût autrement ordonné et tant que les circonstances l'exigeront, tout privilège tendant à exclure la surveillance de ladite Chambre syndicale, soit dans les Maisons royales, soit dans les Maisons appartenant à Monsieur, à Monseigneur le comte d'Artois comme administrateur du Temple et autres dépendants de l'Ordre de Malte, soit au Palais-Royal appartenant à M. le duc d'Orléans et en général dans tous autres lieux et maisons privilégiées... à quoi voulant pourvoir, ouï le rapport, le Roi étant en son conseil... » défend d'étaler ou vendre dans ces lieux privilégiés, si on n'a pas rempli les conditions « et autorise les syndic, adjoints et inspecteurs de la librairie à se transporter dans tous lesdits lieux privilégiés, même dans les maisons royales pour y remplir leur fonction avec la même liberté et la même étendue qu'ils le font ailleurs. (2) »

Cet arrêt venait bien tard, à un moment où toute mesure de réglementation nouvelle devenait parfaitement inutile ; et, pendant ces vingt-cinq années (1750-1775) où le commerce des livres prohibés avait été surtout florissant, c'était principalement dans les Maisons royales qu'il s'était fait. On en était arrivé à reconnaître presque officiellement cette pratique : on donnait à des colporteurs des permissions de faire des ventes de livres dans les salles des Tuileries (3). Des personnes de la Cour y obtenaient des

(1) 22145, 23, Lettre de Malesherbes au Chancelier, du 10 décembre 1760.

(2) Bibl. Nat. Res. F. 719, 90 ; 22102, 47 ou 22073, 158.

(3) Arch. Nat., O 407, f° 263. Il est vrai que le sieur Bontemps, qui donna cette autorisation à Kolman, avait outrepassé son droit ; car les règlements de la librairie n'autorisaient pas de pareilles ventes.

places pour les colporteurs qu'elles protégeaient. La Comtesse de Brionne en donna une à Dufresne qui avait déjà une boutique Cour des grandes écuries du roi. Mais ce dernier s'étant avisé d'y vendre les livres les plus scandaleux comme le *Portier des Chartreux*, *Thérèse philosophe* et la *Vie de Madame la Marquise*, on l'en chassa (1). Un autre, Girardin, qui, en 1786, avait les libelles les plus violents contre la Reine, était également installé aux Tuileries, au cul-de-sac de l'Orangerie (2). Enfin quand on n'avait pas de place ainsi définie, il suffisait de se poster à l'entrée du jardin et, avec un peu d'adresse, on arrivait bien à attraper le public nombreux qui y venait flâner et à lui débiter sa marchandise (3).

Un autre jardin, presque aussi propice que celui des Tuileries à la vente des ouvrages prohibés, c'était celui du Palais-Royal, lieu également privilégié, où le beau monde aimait fort à se promener. Aussi on y louait cher les places. Esprit payait la sienne six cents livres (4). On y était d'autant plus tranquille que le Palais-Royal, appartenant au duc d'Orléans, il était particulièrement difficile pour la police d'y pénétrer. Car l'intérêt du duc d'Orléans n'était pas toujours celui du gouvernement royal. Même après l'arrêt de 1787, un certain Desenne y vendait un pamphlet contre Le Noir, le lieutenant de police, intitulé le *Diable dans un Bénitier*. Mais le duc d'Orléans se souciait peu du lieutenant de police, et on ne put obtenir son autorisation pour entrer dans le Palais-Royal qu' « en lui faisant entendre que Desenne débitait aussi des ouvrages remplis de calomnies contre lui (5) ».

Enfin beaucoup de colporteurs avaient l'habitude d'étaler leurs livres dans la superbe cour de l'hôtel de Soubise (hôtel des Archives Nationales) (6). Peut-être un titre quelconque conférait-il au prince le droit de faire regarder son hôtel comme un lieu privilégié.

Dans les châteaux appartenant au roi ou à la famille royale on vendait de même toutes sortes de livres. Il y avait à Versailles un grand nombre de libraires clandestins. Nous avons déjà vu qu'ils avaient en ville des entrepôts ; ils allaient aussi dans le parc où ils débitaient des ouvrages défendus. Lécuyer et sa femme y

(1) 1761. Nouv. Acq., 1214, 342.
(2) *Mém. sec.*, XXXI, 129.
(3) 22100, 87.
(4) 22066, 74.
(5) *Bastille dévoilée*, III, 12, et 66.
(6) Archives de la Bastille, (Bib. de l'Ars.) 12378.

avaient chacun une boutique. Le château finissait par être l'endroit de France où il y avait le plus de livres philosophiques ou licencieux. Quand on y fit une perquisition, en 1749, on en trouva des quantités. Il y en avait partout, aussi bien dans les appartements des plus grands seigneurs que dans la petite chambre du laquais du prédicateur (1).

Quand la Cour allait à Compiègne, beaucoup de libraires forains l'y accompagnaient; ils étalaient les livres nouveaux aux portes du château (2) et la pieuse Reine, Marie Leckzinska ne pouvait pas aller à la messe sans rencontrer sur son chemin des boutiques de hardis colporteurs qui vendaient effrontément des ouvrages condamnés comme la *Religion naturelle* de Voltaire (3).

Enfin, le parc de Saint-Cloud contenait aussi un bon nombre de colporteurs. Il y avait déjà des fêtes à Saint-Cloud en Septembre, au moment de la Nativité; beaucoup de Parisiens s'y rendaient alors; on y voyait aussi arriver en foule des marchands forains « qui vendaient et étalaient, sous les yeux du public, dans le parc et dans les environs, toutes sortes de mauvais livres contre les mœurs, la religion et même les plus défendus sur les affaires du temps (4). » En 1760, au moment où la bataille littéraire était des plus vives, on y étalait publiquement la *Préface* sanglante de l'abbé Morellet contre Palissot et le *Pauvre Diable* de Voltaire (5). Le colporteur Hiard y avait une boutique portative qu'il avait installée dans le parc; mais il ne tarda pas à la transporter à Saint-Denis où il s'établit aux portes de l'abbaye, qui était sans doute un autre lieu privilégié (6).

IV

En somme, les colporteurs avaient trois procédés ordinaires pour vendre les livres dont leur clientèle était friande : ou bien ils les étalaient dans les lieux publics, ou ils les colportaient dans

(1) *Archives de la Bastille*, XII, 302.

(2) Une ordonnance de police de 1766 faisait pourtant « défense à tous colporteurs, domestiques et autres particuliers... de vendre aucuns livres et brochures à la suite de la Cour et enjoignait aux libraires ayant un établissement permis et boutique dans le château et ailleurs de donner un état des livres qu'ils vendaient. » (22114, 65.)

(3) C'est un titre erroné mis en tête d'une édition de la *Loi naturelle*.

(4) Nouv. Acq., 1214, 388.

(5) Nouv. Acq., 1214, 313.

(6) Nouv. Acq., 1214, 545.

les rues, les cafés, les promenades, les théâtres, ou enfin ils allaient jusque dans les maisons particulières pour y offrir les nouveautés. Mais, dans les trois cas, c'était toujours aux mêmes personnes qu'ils s'adressaient, aux ecclésiastiques, aux magistrats, surtout aux nobles, à tous les gens du monde, qu'ils fussent de la Cour ou de la ville. Etrange contradiction que celle de ces privilégiés ardents à lire et à favoriser les ouvrages des philosophes dont l'influence allait leur être si néfaste!

« C'est un grand malheur, remarquait mélancoliquement le libraire Guy, enfermé à la Bastille (1), que le cœur de l'homme soit si corrompu et si porté à cet esprit de satire et d'irréligion. Ce sont ces maudites inclinations qui donnent cette sorte de célébrité à ces ouvrages d'horreur, d'indécence, de calomnie et de fausse politique. Je dis qu'il sera difficile d'en éteindre le débit, parce que l'on est acharné à se les procurer à tel prix que ce soit. Et qui? c'est précisément ceux qui par leur naissance, leur état, leurs connaissances et leur attachement à la religion devraient être les premiers à les condamner; mais tout au contraire, il suffit que l'on parle tout bas d'une nouveauté de cette espèce que les voilà tous aux champs; il n'est aucun moyen qu'ils n'emploient pour se les procurer, l'homme de Cour pour s'en divertir, le magistrat pour en prendre connaissance, l'ecclésiastique pour le réfuter, et le Tiers Etat pour dire qu'il a de ce qui est rare et difficile à avoir; enfin c'est du bon ton, du bel air, et tel n'a pas un écu de six livres pour donner à son cordonnier qui donne quatre louis pour suivre le torrent. Comment veut-on que des malheureux qui souvent n'ont d'autre état que la paresse, de fortune que la faim et la soif, tiennent contre de l'or pour lequel il ne leur en coûte que du cuivre? Cela n'est pas possible. »

Et c'est ainsi que tous ces pauvres colporteurs avaient parmi leurs clients les plus grands noms de France et les personnages les plus respectables. Car le clergé et la noblesse figuraient également sur leurs livres de comptes. Veut-on savoir quels étaient les clients ordinaires de Pasdeloup qui, en 1767, avait chez lui, avec des *Mélanges* de Voltaire, des *Requêtes* de La Chalotais et des *Antiquité dévoilée*, de petites œuvres fort légères comme le *Balai*, la *Chandelle d'Arras* et la *Pucelle?* Des jeunes gens frivoles, des femmes galantes, dira-t-on? Non pas, mais le sieur Blavet, biblio-

(1) 22 123, 22.

thécaire du prince de Conti au Temple, le P. Fournier, bibliothécaire des Jacobins, ou le P. Poirel, religieux des Blancs-Manteaux (1).

Prot, qui était garçon charpentier en même temps que colporteur, avait parmi ses pratiques les seigneurs les plus importants de la Cour. Un monsieur Duscurvoir lui faisait des acquisitions pour le compte du maréchal de Duras, et pour le duc d'Orléans M. l'abbé de la Chaume ou M. de Champeaux, son premier valet de chambre ; le bibliothécaire de la reine, M. l'abbé Vermon, celui du collège Mazarin, l'abbé Le Blond, le marquis de Paulmy, le duc d'Aumont étaient des amateurs de ses livres « tous chers parce que tous défendus (2) ».

La *Tolérance* de Voltaire était surtout achetée par des nobles comme le marquis de Boisset ou le duc de Charost ou par de riches traitants comme M. Dupré (3).

Goguery, celui-là même qui faisait entrer des livres à Paris dans sa redingote, les vendait à M. le comte de Guerche, à M. le comte de Matignon, à Mme la marquise de Livry, à M. le comte de la Mark, à Mme la marquise d'Epinay, à M. le prince de Condé ou bien à Mme l'intendante de Paris, à M. le chevalier Perrin, commissaire des guerres, et à M. l'abbé Boucher, conseiller au Parlement (4).

Parfois les colporteurs trouvaient de gros clients qui achetaient pour revendre ; ils devenaient volontiers de véritables éditeurs ; et ces débitants n'étaient pas toujours de simples colporteurs comme eux, c'étaient des philosophes qui se chargeaient eux-mêmes de répandre parmi leurs relations les ouvrages de leurs amis. Toussaint, l'auteur des *Mœurs*, achetait, en 1761, à Michelin, l'imprimeur de Provins, quatre cents exemplaires de l'édition contrefaite de l'*Esprit*. Il les payait quatre livres chacun ou plutôt il ne les payait pas du tout, car il faisait des billets qu'il n'acquittait pas. Mais

(1) Le pauvre Pasdeloup, accoutumé à vivre avec ces livres, finissait par devenir lui-même philosophe ; il faisait le désespoir de sa mère, qui colportait bien, elle aussi, des livres défendus, mais qui, étant dévote, ne vendait que des livres jansénistes. Elle voulait punir son fils, et, quand il fut arrêté, insista pour qu'on le gardât longtemps à la Bastille. Il y resta en effet cinq ans, après quoi on l'exila aux colonies (1772). Mais il protesta contre les allégations de sa mère, s'irritait contre les dévots et affirmait dignement sa religion naturelle. (Archives de la Bastille, Bib. de l'Ars., 12322, 3, 33. Cf. Nouv. Acq., 1214, 491.)

(2) 1776. *Bastille dévoilée*, IV, 16 et 109-113.

(3) 22096, 49.

(4) 22098, 122.

évidemment son intention n'était pas de garnir sa bibliothèque de quatre cents *Esprit* (1). Ce n'était pas non plus pour leurs lectures personnelles que trois abbés demeurant aux collèges de Cholet et de Lisieux achetaient soixante exemplaires de l'*Oracle des anciens fidèles;* ils disaient eux-mêmes que c'était « pour les envoyer en province (2) ». Les autres clients de Prudent et de Kolman pour cette petite brochure philosophique étaient le bibliothécaire des bénédictins de l'abbaye de Saint-Germain-des-Prés, l'abbé de Graves, et quatre docteurs de Sorbonne (3).

La veuve Stockdorff, de Strasbourg, avait des clients ordinaires à qui elle envoyait les livres les plus condamnés, comme la *Théologie portative*, *David*, l'*An 2440*, l'*Evangile de la raison*, la *Contagion sacrée*, les *Lettres philosophiques* de Voltaire, l'*Imposture sacerdotale*, l'*Examen critique de saint Paul*, le *Dictionnaire philosophique*, le *Système de la Nature*, le *Balai*, la *Pucelle* et bien d'autres (4). C'était ce qu'on faisait de mieux « en genre de prohibé ». Or ses clients étaient, avec un procureur au Châtelet, M. Goupil, et quelques autres roturiers, probablement aussi magistrats, MM. Bataille, Delaporte et Dusaux, le comte de Guébriant, le comte de Rozen, le marquis de Voyer, le marquis de Villeneuve, le comte d'Angivilliers et l'abbé Lefort, chapelain du roi à Versailles, dans la voiture duquel elle fit un jour le voyage de Strasbourg à Paris. C'était le sieur Goupil qui était son correspondant à Paris et qui traitait seul directement avec elle; le 13 août 1771, il lui achetait pour soixante-sept francs de livres, le 30, pour trois cent quarante et un, le 28 septembre, pour quatre-vingt-six francs (5). C'était un client sérieux ou plutôt un intermédiaire avisé. Tous ses clients devinrent des protecteurs quand elle fut arrêtée au malencontreux voyage qu'elle fit à Paris, en 1771. Malgré leurs intercessions, elle resta deux ans à la Bastille, à la suite de quoi elle fut condamnée, en juillet 1773, au carcan et à neuf ans de bannissement de Paris et de Strasbourg. Le roi lui fit seulement grâce du carcan (6).

Pour les livres licencieux la clientèle était un peu plus étendue, et des gens de basoche ou des exempts des gardes du corps se

(1) 22094, 64.
(2) 22094, 62.
(3) *Ibid.*
(4) Archives de la Bastille, (Bib. de l'Ars.), 12398.
(5) *Ibid.*
(6) *Ibid.* et Hardy, II, 212.

plaisaient à acheter les *Putains errantes* ou l'*Ecole des filles* (1). Mais les nobles ne s'en désintéressaient pas; la *Science publique des filles du monde* était achetée par M. Dufort, l'introducteur des ambassadeurs, et M. de Fleury, le fils de l'avocat général (2).

En somme à Paris, c'était surtout la noblesse ou le clergé qui étaient à l'affût des nouveautés philosophiques; en province, on les vendait aussi très bien, mais plutôt à des notaires, des avocats, des contrôleurs des monnaies, des abbés qui se jetaient avec avidité sur le *Despotisme oriental*, l'*Antifinancier* ou la *Tolérance* (3). C'étaient surtout certains ouvrages politiques qui étaient envoyés par leurs auteurs eux-mêmes aux directeurs des domaines, aux receveurs des tailles, aux notaires, aux directeurs des postes, aux présidents des greniers à sel, qui au fond de leurs provinces avaient tout le loisir de méditer les théories nouvelles (4).

Mais on peut affirmer que les ouvrages philosophiques n'atteignirent pas directement le peuple ni la petite bourgeoisie. Les artisans, les ouvriers, ne connurent Voltaire et Rousseau qu'au moment de la Révolution, quand leurs tribuns les leur commentèrent dans des discours enflammés ou réduisirent leurs maximes en textes de lois. Au moment de leur apparition, ils ignorèrent certainement les grands ouvrages du siècle, encore qu'ils n'aient pas pu être complètement indifférents au bruit des querelles littéraires les plus retentissantes. Mais les véritables disciples des philosophes, les clients fidèles des colporteurs clandestins, ce furent les nobles, les abbés, les privilégiés, mondains désœuvrés qui, en quête de distractions pour tromper leur ennui implacable, se jetèrent avec passion dans les discussions philosophiques et se laissèrent vite gagner par l'esprit nouveau, sans voir les conséquences dernières des prémices qu'ils adoptaient avec tant d'enthousiasme (5).

(1) Nouv. Acq., 1214, 471.
(2) Nouv. Acq., 1214, 408.
(3) 22096, 137.
(4) Archives de la Bastille (Bib. de l'Ars.), 12229, 200, à propos du *Secret des finances*.
(5) L'étude de la clientèle des colporteurs serait fort utile pour arriver à déterminer quels furent les lecteurs des ouvrages de nos grands philosophes et quels furent les ouvrages les plus lus, si elle pouvait être faite méthodiquement et avec une documentation plus précise. Mais ces pauvres colporteurs n'avaient pas de livres de comptes bien tenus et on ne peut entrevoir leur clientèle que dans les interrogatoires qu'on leur faisait subir au moment de leurs arrestations. Encore leur mémoire est-elle souvent bien courte. — Une autre méthode a été employée avec grand succès par M. Mornet dans une fort intéressante étude sur les *Enseignements des Bibliothèques privées*, parue dans la *Revue d'histoire littéraire* de juillet-septem-

Ils étaient d'ailleurs les seuls à pouvoir se permettre les dépenses excessives auxquelles était contraint tout amateur de livres prohibés.

Il est presque impossible de déterminer avec précision à quels prix furent vendus les livres du dix-huitième siècle; ces prix étaient très élevés, mais étaient extrêmement variables avec les circonstances; car, outre la valeur intrinsèque du livre, on payait aussi le risque du colporteur. « La sévérité portait en vingt-quatre heures le prix d'un in-douze de trente-six sols à deux louis (1). » « Il suffit ici qu'un livre touche à certaines matières, disait d'Alembert (2), ou qu'il attaque bien ou mal certaines gens pour être recherché avec avidité et pour être en conséquence hors de prix par les précautions que prend le gouvernement pour arrêter ces sortes d'ouvrages, précautions qui font souvent à l'auteur plus d'honneur qu'il n'en mérite. » Dès que la police s'en mêlait, les prix montaient dans des proportions fantastiques. Le *Mémoire pour Abraham Chaumeix* se paya d'abord dix sols, puis trois et six louis dès qu'il fut poursuivi (3).

Quand ces petits ouvrages n'étaient pas trop sévèrement prohibés, les prix n'en étaient pas excessifs. Ainsi le *Zoroastre* de l'abbé de Méhégan ne valait pas plus de dix-huit à vingt sols, et l'on avait quatre exemplaires de l'*École de l'homme* pour quatre livres dix sols. En 1760, la *Vision de Palissot*, de l'abbé Morellet, faisait fureur et on pouvait se la procurer à bon compte (4) : Robin, chargé de la distribuer, l'achetait à raison de six sols l'exemplaire et la revendait sept sols aux autres colporteurs et douze aux particuliers (5).

Mais ces cas étaient exceptionnels. Les ouvrages bon marché venaient généralement de l'étranger, et, quand l'impression avait été faite en France, les livres coûtaient tout de suite beaucoup plus cher : il fallait payer non seulement le risque d'arrestation du colporteur et des intermédiaires, mais encore le risque de saisie de l'imprimeur. On débitait en même temps à Paris, en 1767,

bre 1910. M. Mornet a minutieusement dépouillé les catalogues de 500 ventes de bibliothèques faites de 1750 à 1780; et a pu ainsi déterminer quels avaient été les livres le plus lus et quels genres de lecteurs les avaient le plus appréciés.

(1) Mémoire présenté à Sartine par les syndic et adjoints de la librairie. Mars 1764. Nouv. Acq., 558, 104. La même phrase se trouve dans la *Lettre* de Diderot *sur le commerce de la librairie*, p. 64.

(2) Au roi de Prusse, 8 juin 1770, V, 293, à propos de l'*Essai sur les préjugés*.

(3) Grimm. 15 mai 1759, IV, 109.

(4) Nouv. Acq., 3348, 72, et Nouv. Acq., 1214, 302.

(5) Les vingt-six volumes des *Œuvres* du Mis d'Argens valaient en 1752 trente-neuf livres. Nouv. Acq., 3345, 79.

deux éditions de l'*Ingénu* de Voltaire : l'une, de Genève, qui valait vingt sols, et l'autre faite par le libraire La Combe, à qui les colporteurs l'achetaient quarante-huit sols pour la revendre trois francs au public (1).

Les plus petits ouvrages, qui étaient souvent les plus défendus, pouvaient atteindre des prix exorbitants. Vers 1748, le *Qu'en-dira-t-on*, de La Beaumelle, coûtait vingt-quatre livres (2) et *Thérèse philosophe*, un des romans qui eurent le plus de vogue à cette époque, valait de un à cinq louis d'or (3).

Quant aux livres sérieux et très philosophiques du baron d'Holbach, ils atteignaient naturellement des prix assez hauts; le *Christianisme dévoilé* alla jusqu'à dix écus; le *Militaire philosophe*, qui n'était pourtant qu'une petite brochure de moins de deux cents pages, coûtait de un louis à trente-six francs (4). Enfin le *Système de la Nature* qui, à la vérité, était un volume plus lourd dans tous les sens du mot, ne se vendait pas moins de quatre à cinq louis alors que dans les premiers temps, avant que le scandale qu'il provoqua eût éclaté, on ne le payait que quinze à dix-huit francs (5).

(1) Nouv. Acq., 1214, 505; Grimm, VII, 417.
(2) *Ibid.*, 29.
(3) Grimm, I, 256.
(4) Grimm, 1er janvier 1768, VIII, 11.
(5) 22100, 101, et Favart au comte de Durazzo, 10 juin 1770. *Mém. de Favart*. II, 245. Les livres qui n'étaient pas trop d'actualité avaient pourtant un cours assez régulier. Voici par exemple un catalogue de M.-M. Rey qui se trouve à la dernière page de l'édition de 1761 de la *Nouvelle Héloïse :*

« *Apologie de M. l'abbé de Prades*, la thèse en latin et français. Examen de la thèse et observation sur l'apologie par M. Bourlier. In-12, Amsterdam, 1753, 4 vol. à f. 2.

Bible (*La sainte*) ou *le Vieux et le Nouveau Testament*, avec un commentaire littéral composé de notes choisies tirées des divers auteurs anglais. In-4°, 7 vol. à f. 26.

Bible : Le livre de *Josué* séparé à f. 3, 6 s.

— Les livres des *Juges* et de *Ruth*, VIIe partie, avec le portrait de l'Auteur, peint par Liotard, gravé par Houbraken. In-4°, Amsterdam, 1758, à f. 3, 10 s.

Bible : Le premier et le second livre de *Samuel*, 4 tomes, en 2 parties, 1760, à f. 7.

Bibliothèque de campagne ou *Amusements de l'esprit et du cœur*. In-12, 12 vol. La Haye, 1752-1760, à f. 12.

Cabinet des fées de Mme d'Aunoy. In-12, 8 vol., 14 parties, avec fig. Amsterdam, 1754, à f. 10.

Cicéron (*Pensées de*), par M. l'abbé d'Olivet. In-12, Amsterdam, 1756, à f. 1.

Discours sur l'origine et les fondements de l'inégalité parmi les hommes, par J.-J. Rousseau, citoyen de Genève. In-12, 1 vol., Amsterdam 1759, à 15 s.

Dictionnaire (*Nouveau*) de Bayle. In-f°, 4 vol., à f. 44.

— — — t. IV séparé, 1755.

Essai sur l'histoire générale et sur les mœurs et l'esprit des nations depuis Charlemagne jusqu'à la prise de Port-Mahon en 1756, par M. de Voltaire. In-8°, 7 vol., Amsterdam 1757, à laquelle on a joint une table générale des matières exactement travaillée, à f. 9.

Fils (*Le*) *Naturel* ou *les Epreuves de la vertu*, comédie en 5 actes et en prose avec l'histoire véritable de la pièce, par M. Diderot. 1 vol. in-12, Amsterdam 1757, à 12 s.

V

Ces prix excessifs et la difficulté toujours assez grande de trouver les livres défendus en rendaient parfois l'acquisition malaisée. Mais on avait bien d'autres moyens de se les procurer et le plus généralement on se les prêtait.

Nombreux étaient les salons où ces gens oisifs se rencontraient constamment. On y parlait naturellement des livres nouveaux ; et bien vite ils passaient de mains en mains. Mme du Deffand envoyait souvent les nouveautés à ses amis, l'abbé Barthélemy ou la duchesse de Choiseul, qui lui communiquaient à leur tour ce qu'ils pouvaient se procurer (1). De semblables prêts ne devaient pas être rares dans les salons d'Helvétius, de d'Holbach ou de Mme Nec-

Histoire de l'Académie française, par Pélisson, nouvelle édition. In-12, Amsterdam 1757, à f. 1.

Histoire de l'Académie française, depuis 1652 *jusqu'à* 1700. par l'abbé d'Olivet. In-12, Amsterdam, 1730, à f. 1. »

Tous ces livres n'étaient d'ailleurs pas imprimés par Rey.

Les libraires de province avaient également des catalogues de livres prohibés à prix marqués. Mais ils les encartaient manuscrits dans leurs catalogues généraux imprimés. Voici par exemple le contenu d'une petite feuille manuscrite qui se trouvait à l'intérieur du catalogue d'Ancelle, libraire et relieur, carrefour Saint-Thomas, à Evreux.

« Livres nouveaux ou qui n'ont pas pu être mis sur ce catalogue :

» *Histoire philosophique et politique des établissements et du commerce des Européens dans les Indes*. 6 vol. in-12, br. 15 f.

» *Questions sur l'Encyclopédie*, par Voltaire. 9 vol. in-8°, 24 f., br.

» *Recherches sur les Américains*. 3 vol. in-12, 6 f., br.

» *De l'Esprit*. 2 vol., in-12, 4 f. 10 s.

» *L'Antiquité dévoilée*, par M. Boulenger. 3 vol., 7 f. 10 s.

» *Le Compère Mathieu*. 3 vol., 6 f.

» *Recueil de pièces philosophiques, contenant dialogues sur l'âme et autres*. 3 vol. qui n'en font qu'un bon, 6 f., br.

» *Le voyageur français* ou *la connaissance de l'ancien et du nouveau monde*, par M. l'abbé Laporte. 14 vol. in-12, 24 f., br. »

Voici enfin quelques prix envoyés par La Bastide de Suisse à un libraire de Paris; ces prix ne sont donc pas ceux auxquels le public payait ces livres : *Dictionnaire philosophique*, 6 f.; *Théologie portative*, 3 f.; *Christianisme dévoilé*, 12 f.; *Examen des apologistes*, 4 f.; *Militaire philosophe*, 3 f.; *Philosophe ignorant*, 2 f.; *Princesse de Babylone*, 1 f. 10 s.; *L'Ingénu*, 1 f. 10 s.; *L'homme aux quarante écus*, 1 f. 10 s.; *Questions de Zapata*, 15 s.; *Examen de Bolingbroke*, 4 f.; *Bannissement des jésuites*, 15 s.; *La mort du chevalier de La Barre*, 15 s.; *Commentaires sur les délits et les peines*, 1 f.; *Les Cathécumènes* (sic), 1 f.; *Le Diner du comte de Boulainvilliers*, 1 f.; *La Profession de foi des théistes*, 1 f.; *Le Despotisme oriental*, 4 f.; *La Philosophie de l'histoire*, 4 f.; *Les Mœurs*, 3 f.; La Mettrie, 4 f.; *Les Droits des hommes et les usurpations des autres*, 15 s.; *L'A B C*, 3 f.; *Les Prêtres démasqués*, 4 f.; *L'Evangile de la raison*, nouv. éd., 2 vol. in-8°, 6 f.; *Les Mélanges historiques, critiques et philosophiques*, 7 vol. in-8°, nouv. édit., 3 f. le vol. (22 099, 135).

(1) *Correspondance* de Mme du Deffand (édition Saint-Aulaire), II, 160, 195, 334, 469.

ker. On sait d'autre part comment Mme Roland fit son éducation philosophique; c'est son ami, M. de Boismorel, qui lui prêtait régulièrement les livres les plus sérieux et les plus hardis (1). Diderot écrivait un jour à La Condamine (2) : « Notre ami M. d'Alembert me renvoie à vous, Monsieur, pour avoir l'*Apologie de milord Bolingbroke* et le *Tombeau de la Sorbonne*. Si vous me procurez la lecture de ces deux brochures, je vous en serai très obligé. Je sais qu'elles sont rares. » La marquise de Créqui laissait, en 1788, chez son ami, Sénac de Meilhan, les *Principes positifs* de Calonne parce que « cela ne se trouvait point (3) ». Le goût des lettres était si vif qu'on organisait des cabinets de lecture où pour trois ou dix sols, on avait la liberté de lire toutes les nouveautés (4).

Car la lecture fut bien certainement une des passions du dix-huitième siècle. Comment d'ailleurs ces mondains inoccupés n'auraient-ils pas suivi passionnément le mouvement des idées, quand tout les y poussait. Les événements littéraires étaient pour eux les plus marquants; la publication d'un livre nouveau était aussitôt annoncée et commentée. On se donnait en présents pour les étrennes des in-quarto de Voltaire. Mme du Deffand recevait ainsi en 1778 de Mme de Luxembourg les six derniers volumes de ses œuvres accompagnés d'une très jolie boite d'or où se trouvait le portrait de Tonton, son chien, avec ce couplet du chevalier de Boufflers :

Vous les trouvez tous deux charmants;
Nous les trouvons tous deux mordants;
Voilà la ressemblance.
L'un ne mord que ses ennemis;
Et l'autre mord tous ses amis;
Voilà la différence (5).

On avait mille occasions de parler des livres des philosophes. Les Encyclopédistes et surtout Voltaire entendaient admirablement l'art savant de la publicité. Le *Prospectus de l'Encyclopédie* était fort bien fait pour allécher les acheteurs. Voltaire annonça très habilement son édition de Corneille (6). Plus tard Beaumarchais fit aussi beaucoup de réclame pour l'édition de Kehl, quoique sans grand succès. On savait tirer parti des moindres incidents. Quand Frédéric de Prusse ou Catherine de Russie marquaient

(1) *Mémoires*, p. 147.
(2) 16 déc. 1762, XIX, 427.
(3) *Correspondance* p. 201.
(4) Le libraire Grangé en 1762, puis en 1779 un sieur Moureau, ouvrirent de semblables cabinets de lecture. *Mém. sec.*, I, 184 et XIV, 170.
(5) *Correspondance* de Mme du Deffand (édition Lescure), II, 630.
(6) *Mém. secr.*, I, 110, 231, II, 43.

de l'intérêt pour un ouvrage français, on le criait bien haut à Paris. Personne ne put ignorer, en 1767, que la Tsarine traduisait le *Bélisaire* de Marmontel.

Pour lancer ses productions les plus hardies, celles qu'il désirait voir se répandre le plus, Voltaire employait un moyen assez original, mais fort efficace : il les désavouait. Nul ne s'y trompait; tout le monde savait que ce désaveu ne voulait pas dire que l'ouvrage fût réellement de l'abbé Bazin ou de Guillaume Vadé, mais bien qu'il était de M. de Voltaire lui-même, et que le philosophe y attachait beaucoup d'importance. « La charlatanerie devint si à la mode dans le monde littéraire » que Voltaire fit école. En 1774, un M. Colardeau, qui avait fait une pièce de vers contre une demoiselle Verrière, « courtisane et jadis sa maîtresse », regrettait de ne pas voir son ouvrage percer plus vite dans le public; il se mit alors à en faire insérer des désaveux dans les journaux, avec l'espoir de lui donner ainsi une célébrité qu'elle n'acquérait que bien difficilement (1).

A défaut de désaveu, il y avait un autre moyen de réclame qu'à la vérité on ne recherchait pas, mais dont on n'était pourtant pas trop fâché : la condamnation. Il était facile de constater que « proscrire un ouvrage, c'était le faire connaître, que la défense réveillait la curiosité et ne servait qu'à multiplier les éditions furtives, dangereuses par les conséquences que l'on tirait du mystère ». Ainsi, une petite brochure, intitulée *Tant mieux pour elle*, que Choiseul hésita quelques jours à condamner, se vendit sous le manteau à quatre mille exemplaires pendant les quinze premiers jours, mais cessa de faire du bruit dès qu'on eut permis de l'exposer publiquement en vente (2). De même les *Mémoires secrets* disaient en 1780 : « On recherche beaucoup une brochure intitulée *Essai sur le jugement qu'on peut porter sur Voltaire* depuis qu'elle a été supprimée par arrêt du Conseil (3). »

Voltaire avait bien raison de dire : « Une censure de ces messieurs fait seulement acheter un livre. Les libraires devraient les payer pour faire brûler tout ce qu'on imprime (4). » « La brûlure était pour un livre ce qu'était le titre d'académicien pour un homme de lettres (5). » « Plus la proscription était sévère, plus elle

(1) *Mém. secr.*, XXVII, 339.
(2) Favart à Durazzo, 1760, I, 99.
(3) XVI, 4.
(4) A Voisenon, 24 juillet 1756.
(5) Extrait du *Pot pourri. Etrennes aux gens de lettres*, cité par Métra, IV, 293.

haussait le prix du livre, plus elle excitait la curiosité de le lire, plus il était acheté, plus il était lu.... Combien de fois le libraire et l'auteur d'un ouvrage privilégié, s'ils l'avaient osé, n'auraient-ils pas dit aux magistrats : Messieurs, de grâce, un petit arrêt qui me condamne à être lacéré et brûlé au pied de votre grand escalier? Quand on criait la sentence d'un livre, les ouvriers de l'imprimerie disaient : Bon, encore une édition (1)! »

(1) Did., *Lettre sur le commerce de la librairie*, p. 66.

Edit du Roi donné de tout à l'heure de tout à l'heure.

Paris chez l'auteur Cloître S.t Honoré maison de la maîtrise au fond du jardin.

Un colporteur d'arrêts.

(Extrait des *Cris de Paris*, de Poisson.)

CHAPITRE V

APRÈS LA PUBLICATION, LES CONDAMNATIONS, LA POLICE

I. Révocation de privilège ou de permission. — II. Condamnations, *a*) par la Sorbonne, *b*) par le clergé dans les mandements ou à l'Assemblée du clergé, *c*) par le parlement. Condamnations des livres, des auteurs, des colporteurs. — III. Police. Perquisitions et cachettes. Saisies. Mises au pilon.

I

Quand un auteur avait réussi à faire imprimer son livre, à le faire arriver jusqu'à Paris et à l'y faire débiter, il n'était pas encore certain de pouvoir jouir tranquillement de son succès, eût-il obtenu une permission, même un privilège.

Pour les permissions tacites, la chose était naturelle; elles étaient essentiellement révocables et les tolérances l'étaient encore bien davantage. Nous avons déjà vu que le procédé habituel de Malesherbes était d'autoriser le débit de certains ouvrages pour quelques exemplaires seulement : si le scandale était trop grand, l'autorisation était aussitôt retirée. Mais le Directeur de la librairie pouvait même être contraint de revenir sur sa parole expressément donnée. Ainsi Malesherbes, ayant permis à La Beaumelle de vendre ses *Lettres de Mme de Maintenon* et ayant même donné des ordres pour qu'elles n'allassent pas à la visite de la Chambre syndicale, se vit obligé de confisquer le livre et d'arrêter l'auteur, sur une dénonciation de la cour d'Autriche (1).

L'obtention d'un privilège ne donnait aucune garantie contre une condamnation possible ; car il était aussi révocable. Il est vrai que cette révocation était chose assez grave, qui entraînait la con-

(1) Nouv. Acq., 1214, 180. Cf. Nouv. Acq., 3346, 110 sqq. sur la *Vie de Sobiesky* de l'abbé Coyer, 1761. D'abord permis par Malesherbes, ce livre fut suspendu sur l'intervention du Chancelier à cause du scandale qu'il fit. Il est vrai que l'abbé n'avait pas corrigé les passages que le censeur lui avait demandé de modifier.

damnation non seulement de l'auteur, mais encore du censeur. Aussi ce dernier pouvait-il prendre les devants et solliciter ce retrait de lui-même, pour se mettre à l'abri des poursuites (1).

Les deux révocations de privilèges les plus retentissantes du siècle furent celles de l'*Esprit* d'Helvétius (1758) et de l'*Encyclopédie* (1759). Dans ces deux cas, le bruit fait par les ouvrages condamnés pouvait expliquer la sévérité de ces mesures. Mais il arriva que même pour de simples compilations comme les *Pensées théologiques*, « Sa Majesté ayant été informée que le peu d'exemplaires qui s'en étaient répandus avaient occasionné quelque sensation », le libraire vit son privilège révoqué (2).

Ainsi l'autorité même qui avait conféré le privilège, ou donné la permission, pouvait les retirer. Mais il était encore plus à craindre qu'une autre administration vînt se mêler de l'affaire. L'ancien régime était un assemblage confus d'une quantité de corps constitués, jouissant chacun de privilèges qui reposaient sur de longues traditions. Aussi « la permission accordée par l'un était-elle quelquefois révoquée par l'autre (3) ».

II

Il y avait en effet trois juridictions qui pouvaient condamner un auteur même s'il avait été approuvé par la censure : la Sorbonne, le clergé, le Parlement.

Les condamnations de la Sorbonne avaient été autrefois redoutables ; mais, au dix-huitième siècle, elle n'avait presque plus aucun crédit : elle était composée de docteurs chargés de maintenir la pureté du dogme et, à ses réunions du *primâ mensis*, elle prononçait des jugements sur l'orthodoxie de certains ouvrages qu'une commission de ses membres avait examinés. Mais, à une époque où on se préoccupait beaucoup plus de philosophie que de théologie, les jugements des « sages maîtres » avaient fort peu d'autorité. Dès 1750, ils ne purent aboutir dans l'examen

(1) Ainsi l'abbé Lourdet fit suspendre un *Tableau historique et philosophique de la religion*, par l'abbé Para, qu'il avait approuvé comme censeur, dès qu'un article de la *Gazette ecclésiastique* l'eut critiqué. (*Mém. secr.*, XXXI, 116, en 1786.)

(2) 22099, 153, en 1769.

(3) Manuel, *la Police de Paris dévoilée*, I, 180, à propos des *Idées d'un citoyen*, de l'abbé Baudeau, approuvé par un censeur et par le baron de Breteuil lui-même et supprimé par l'inspecteur Henri (probablement d'Hémery).

qu'ils firent de l'*Esprit des lois*. En 1768 leur condamnation du *Bélisaire* de Marmontel les couvrit de ridicule, et quand, à la fin du règne de Louis XVI, ils « s'avisèrent de censurer les *Principes de morale* de l'abbé de Mably, personne n'en sut rien, même dans le quartier de la Sorbonne (1) ».

Si la Sorbonne était discréditée, les évêques avaient encore quelque autorité. Ils pouvaient condamner les livres soit individuellement, soit dans les décisions de l'assemblée du clergé.

Nombreux furent les mandements où les évêques de France signalaient aux fidèles les dangers de tel ou tel ouvrage; mais ces mandements lus aux prônes avaient pour résultat bien plus certain de faire connaître les livres que d'en défendre efficacement la lecture. Le plus célèbre fut celui de l'archevêque de Paris contre l'*Emile*, auquel Jean-Jacques répondit par sa fameuse *Lettre à Christophe de Beaumont*.

De plus, tous les cinq ans, les évêques se réunissaient à Paris pour étudier les questions qui intéressaient l'Eglise de France, et pour voter le don gratuit grâce auquel elle était exonérée de tout impôt ordinaire. Or ces assemblées ne furent pas sans s'émouvoir des rapides progrès de la philosophie en France et elles firent souvent payer au gouvernement royal leurs subsides par de bonnes condamnations. Car elles étaient elles-mêmes impuissantes et ne pouvaient que formuler un vœu, un appel au roi qui en référait au Parlement. Les deux Assemblées du Clergé qui se montrèrent le plus hostiles aux philosophes furent celles de 1758 et de 1770. Elles votèrent des dons gratuits fort élevés, de seize millions, en remercîment des deux condamnations sensationnelles qu'elles obtinrent du Parlement.

Cette dernière « inquisition était encore bien plus redoutable que celle des évêques (2) », et beaucoup plus efficace. Tout ouvrage pouvait être déféré au Parlement. L'avocat général était alors chargé de faire un réquisitoire. Omer Joly de Fleury, puis Séguier remplirent cet office pendant les années de la lutte philosophique. « Cet orateur jurisconsulte prononçait un traité de philosophie ou de théologie, et l'auteur accusé n'était admis à aucune réplique (3). » Puis le Parlement condamnait. Comme généralement l'ouvrage était anonyme, il ne pouvait condamner que le

(1) M.-J. Chénier, *Opus cit.*, p. 25. Voir Arch. Nat. MM 257-259.
(2) M.-J. Chénier, *ibid.*, p. 31. Voir Arch. Nat. X[1a].
(3) Malesherbes, *Lib. de la presse*, p. 102.

livre lui-même. On défendait alors d'imprimer, vendre, débiter ou colporter l'ouvrage poursuivi, en prononçant des peines sévères contre les contrevenants; enfin on ordonnait qu'il serait lacéré et brûlé au pied du grand escalier de la cour de Mai par la main du bourreau. Exécution bien platonique, car on ne brûlait, en réalité, que de vieux rôles de procureurs, ces messieurs ne voulant pas dégarnir leurs bibliothèques des livres qu'ils condamnaient, mais qu'ils lisaient avec plaisir (1).

Quand l'auteur avait eu l'audace de signer son œuvre, il pouvait être décrété de prise de corps ou emprisonné; c'est ce qui arriva sous le règne de Louis XVI à Raynal pour son *Histoire* et à Delisle de Sales pour sa *Philosophie de la nature*, et si, en 1762, Rousseau n'avait pas consenti à temps à prendre la fuite, il aurait été ainsi arrêté.

Quant aux libraires et surtout aux colporteurs, ils pouvaient être condamnés au pilori, au carcan (2), au bannissement ou aux galères. En théorie, ils encouraient la peine de mort, ainsi d'ailleurs que les auteurs. Une déclaration du roi de 1757 contenait ces dispositions stupéfiantes :

« ART. 1er. — Tous ceux qui seront convaincus d'avoir composé, fait composer et imprimé des écrits tendant à attaquer la religion, à émouvoir les esprits, à donner atteinte à notre autorité et à troubler l'ordre et la tranquillité de nos Etats seront punis de mort.

» ART. 2. — Tous ceux qui auraient imprimé lesdits ouvrages, les libraires, colporteurs, et autres personnes qui les auraient répandus dans le public, seront pareillement punis de mort (3). »

Mais, en fait, le pis qui pût leur arriver était d'être bannis pendant quelque temps de la ville qu'ils habitaient (4), d'être destitués temporairement ou définitivement de leur état de libraires, s'ils avaient été reçus maîtres (5), enfin d'être envoyés ramer pendant quelques années sur les bateaux de Sa Majesté. En 1768, un colporteur, nommé L'Ecuyer, était condamné à cinq ans de galères pour avoir vendu le *Christianisme dévoilé* et l'*Homme aux*

(1) Manuel, *Police de Paris dévoilée*, p. 23.

(2) Huit imprimeurs ou relieurs y furent mis en 1757. (Coll. Joly de Fleury, t. 339, dos. 3632).

(3) Arch. Nat., X1A., 8763, fol. 119.

(4) C'est ce qui arriva à la veuve Stockdorff.

(5) Ainsi Machuel.

quarante écus à un garçon épicier, lequel eut la sottise de le vendre à son maître ; ce garçon maladroit fut condamné lui-même à neuf ans de galères ; quant à la femme de L'Ecuyer, elle fut mise à l'Hôpital pour la fin de ses jours (1). Mais de telles condamnations devaient être fort rares ; elles étaient trop en désaccord avec les mœurs générales de l'époque, et celle-ci notamment souleva les plus vives protestations (2).

III

Sans aller jusqu'à ces condamnations extrêmes et solennelles, on pouvait fort bien saisir les livres et arrêter les gens qui les vendaient. Un jugement en règle n'était nullement nécessaire pour ces simples opérations de police. Le nombre est considérable des auteurs, et surtout des colporteurs, des libraires, des imprimeurs qui ont passé à la Bastille (3), à Vincennes ou à Fort-l'Evêque sans aucune condamnation juridique. On peut dire que tous les colporteurs clandestins notamment y ont passé au moins une fois. On en peut trouver la liste dans le volume de M. Funck-Brentano sur les *Lettres de cachet* (4). On les faisait généralement enfermer trois ou quatre mois ; après quoi on les remettait en liberté, non sans leur avoir fait « promettre de ne parler à qui que ce soit, ni en aucune manière que ce puisse être, des prisonniers ni d'autre chose concernant le Château de la Bastille qui aurait pu venir à leur connaissance (5). »

Quant aux livres eux-mêmes, ils pouvaient être soumis à la même peine de l'embastillement. La police faisait perpétuellement des perquisitions, souvent fructueuses. Aussi les colporteurs cachaient-ils leurs magasins avec le plus grand soin et ils n'étalaient ou ne prenaient avec eux que le strict nécessaire. L'un d'eux avait près de l'aqueduc d'Auteuil un dépôt de livres prohibés dans un

(1) D'Alembert à Voltaire, 22 octobre 1768 ; Diderot à Mlle Volland, 8 octobre 1768 ; XIX, 284.

(2) Les juridictions étaient d'ailleurs multiples, et tel ouvrage condamné par la Chambre des Comptes en 1769 n'était dénoncé au Parlement qu'un mois après et condamné par lui seulement deux mois plus tard (Hardy, I, 213).

(3) Le numéro 1891 des Nouv. Acq. de la Bibl. Nat. contient une liste des « Personnes qui ont été détenues à la Bastille depuis 1660 jusques et y compris l'année 1754, principalement pour composition, impression et distribution de livres défendus. »

(4) F. Funck-Brentano, *les Lettres de cachet à Paris*, 1659-1789. *Etude suivie d'une liste des prisonniers de la Bastille*. Imp. Nat., 1903.

(5) Bibl. Nat. F., 14058-14059.

souterrain où était creusé un trou fort étroit par lequel il se glissa un jour dès qu'il entendit venir la police (1). Tous avaient ainsi des cachettes en ville, soit chez eux, soit plutôt dans quelque endroit plus sûr, dans quelque lieu privilégié, par exemple. « Mais, mon Dieu, disait Voltaire, pourquoi un libraire est-il assez imbécile pour avoir son magasin chez lui? Il était si aisé de dérober une petite brochure aux yeux des infidèles et des fripons (2). » Ce n'était pourtant pas toujours si facile, et la police savait bien découvrir les mauvais livres.

Quand une saisie était faite, on en envoyait le produit à la Bastille, pour y être mis au pilon, avec un état détaillé des paquets ainsi expédiés (3). Manuel a raconté, en 1790, sur le ton mélodramatique de l'époque, un de ces « assassinats typographiques » (4). Le passage est curieux et vaut d'être rapporté :

« Presque seul avec ses valets, le lieutenant de police jugeait, condamnait et exécutait les livres qui ne devaient pas être lus; et ce grand exemple, qui n'avait pour témoins que les murs muets de la Bastille, était perdu pour l'Europe. Que l'Europe du moins apprenne donc l'importance que la police donnait à ce travail obscur. Quelques jours avant la descente du magistrat, voici l'ordre qui était envoyé au gouverneur de la place : « Ouvrir toutes les balles, ballots et paquets d'imprimés et gravures. Mettre ensemble tous les exemplaires de chaque ouvrage sans distinction de ballots ou paquets où ils se trouveront. Inscrire les titres de chaque ouvrage sur l'état général par ordre alphabétique. Après que l'état général sera fait, on tirera vingt exemplaires de chaque ouvrage pour être conservés au dépôt de la Bastille et douze ou quinze pour les distributions d'usage qui seront ordonnées. Ensuite il sera pris jour pour commencer le déchirage qui sera fait le plus promptement possible, tant par de bas officiers qu'on y emploiera que par les garçons du cartonnier qui achètera le papier déchiré. Comme il y a au dépôt certains ouvrages en malles, caisses, ballots ou paquets qui exigent une attention particulière, on n'en fera l'ouverture qu'en présence de M. le lieutenant général de police et ainsi qu'il l'ordonnera. Tout le travail préparatoire du pilon sera fait en présence du garde des archives ou en son absence de

(1) En 1788, Hardy, VIII, 127.
(2) Volt. à Damil., fév. 1763.
(3) Le n° 10305 des Archives de la Bastille (Bibl. de l'Arsenal) contient la liste de ces livres saisis et envoyés ainsi à la Bastille de 1749 à 1790.
(4) *La Police de Paris dévoilée*, p. 34-42.

l'un de MM. les officiers de l'état-major qui sont priés de veiller à ce qu'il ne puisse être distrait aucun exemplaire des différents ouvrages réservés au dépôt ni même de ceux destinés au pilon. Tous les frais relatifs au pilon seront payés par le produit de la vente qui sera faite du papier déchiré. Approuvé : Lenoir... »

» Il paraît que M. de Sartine ne se donnait pas la peine de célébrer lui-même cet auto-da-fé. Les livres qu'il avait à condamner au feu ne méritaient pas son attention, comme les *Amours de Charlot et d'Antoinette*. C'étaient le *Contrat social*, les *Lettres de La Montagne*, l'*Esprit*, les *Mémoires de Maintenon*, encore y en avait-il là d'autres qui sur leurs titres devaient lui paraître beaucoup plus dangereux, les *Avantages du mariage des prêtres*, le *Moyen de rendre les religieuses utiles*, le *Traité de la tolérance*, etc. Mais, plein de confiance dans l'état-major, il lui envoyait la torche de la police qui n'épargnait ni les gravures jansénistes en cuivre de Gondolfe, ni les impudiques de Jourdan, de Darles de Montigny et de Brocheron. Elle mettait en cendres jusqu'à des presses... et environ trois milliers de caractères qui, à dix sols la livre, l'un dans l'autre, faisaient 1500 livres. Sous sa hache, des piles énormes du génie se réduisaient à trois milliers et quinze livres pesant de feuilles mortes qu'emportait le cartonnier Tisset, à raison de 7 livres 10 sols le quintal : 226 l. 2 s. 6 d..... Voilà comme Mably, en composant ses *Principes de morale*, a fait des cartons où reposent des chapeaux de femmes! »

Mais ces ordres sévères n'étaient pas toujours trop bien exécutés; il y avait même des inspecteurs de police fort peu consciencieux qui faisaient un commerce lucratif des livres qu'ils saisissaient (1). « Il était libre à des commis infidèles et avides de reprendre les livres confisqués » et de les revendre cher, dit un Mémoire de l'Assemblée du Clergé au roi en 1770 (2). C'est ce que faisait le commis Marolles dont Merlin était un client ordinaire (3).

Enfin, sans saisir les livres, on pouvait déchirer les pages les plus dangereuses. Hardy vit ainsi, en 1785, à la Chambre syndicale, « les syndic et adjoints en charge occupés à mutiler, de l'ordre du magistrat, l'édition entière d'un ouvrage... portant pour titre *le Bonheur dans les campagnes*... Ces messieurs déchiraient deux feuillets dont le premier portait les pages 5 et 6, le second les

(1) *Mém. secr.*, 1778, XI, 202.
(2) Cité par Ducros, *les Encyclopédistes*.
(3) 22097, 65.

pages 189 et 190, proscrits l'un et l'autre par l'Administration comme contenant des vérités un peu dures contre les riches et les grands (1). »

Ainsi, même quand les livres étaient saisis, embastillés, mis au pilon, ils parvenaient jusqu'au public qui les attendait impatiemment. Le gouvernement avait beau user de toute sa sévérité, il était complètement impuissant. Les philosophes avaient des complices partout; ils en comptaient à tous les degrés de la hiérarchie des fonctionnaires. Leurs livres n'étaient brûlés par le Parlement qu'en effigie; ils n'étaient pilonnés que pour être ensuite revendus; toutes les condamnations qu'encouraient auteurs, libraires ou colporteurs se réduisaient à de petits séjours à la Bastille aux frais du roi (2).

Bref, ces réglementations méticuleuses et surannées de l'ancien régime n'avaient pour effet que de faire connaître et remarquer les livres condamnés, d'élever leurs prix et de ne les rendre accessibles qu'aux riches, qui étaient d'ailleurs les seuls à s'y intéresser; mais elles ne purent pas empêcher ces privilégiés de se fournir toujours malgré tout des nouveautés littéraires et d'être rapidement gagnés aux idées du jour.

(1) VI, 116.

(2) Encore la sensiblerie du règne de Louis XVI rendit-elle ces arrestations plus rares et plus courtes. Le libraire Vitel refusa de dénoncer l'auteur du *Tableau de Paris* (Mercier), pour l'impression duquel il avait été arrêté. Ce trait frappa le bon roi Louis XVI qui, touché de la disgrâce du libraire suisse, ordonna qu'on le mît sur-le-champ en liberté. (Fauche-Borel, *Mém.*, I. p. 24.) — Le Camus de Néville envoya un jour le commissaire Chénon perquisitionner chez Lequatre, de Montargis. Mais, sur le rapport qui lui fut fait que celui qui imprimait de mauvais livres faisait aussi de jolis enfants que nourrissait bien leur mère, il sut gré au sensible Chénon de n'avoir pas chargé de chaînes un époux et un père.» (Manuel, *Police de Paris dévoilée*, 51.)

CHRETIEN-GUILLAUME LAMOIGNON MALESHERBES.

Né le 6 Décembre 1721.

Mort le 3 Floréal an 2ème (22 Avril 1794 v. st.)

Peint par R....

Gravé par C. E. Gaucher

CHAPITRE VI

L'ADMINISTRATION DE LA LIBRAIRIE

I. La Direction de la librairie. Avant Malesherbes. Malesherbes, 1750-1763. Sartine et Marin, 1763-1776. Le Camus, les arrêts de 1777. Villedeuil et Vidaud de La Tour. — II. La police. Le Lieutenant général. Les Inspecteurs de la librairie : d'Hémery.

I

Toute cette réglementation et cette surveillance nécessitaient pour la librairie une administration particulière, qui devint de plus en plus importante pendant le cours du dix-huitième siècle : on lui donna une organisation propre. L'ancien régime connut une sorte de ministère de la librairie, sinon de la littérature (1), à la tête duquel était le Directeur de la librairie, placé immédiatement sous les ordres du Chancelier.

Rivarol exagère beaucoup quand il dit : « On choisit toujours pour veiller à la librairie des magistrats qui ne lisent point, car on a observé que moins un homme a lu, plus il croit les livres dangereux, plus il est tenté de mettre tout le monde à son régime (2). » Il y eut au contraire généralement à la tête de la librairie des hommes d'un mérite reconnu.

L'abbé Bignon, qui était bibliothécaire et conseiller du roi, fut nommé à cette charge au début du règne de Louis XV.

Ce cumul de fonctions prouve que la place, qui n'était nullement rétribuée (3), n'était pas alors bien absorbante. Elle fut confiée jusqu'en 1750 à des maîtres des requêtes, Fleuriau d'Armenon-

(1) Voltaire appelait la Direction de la librairie le ministère de la littérature (Lettre 2702 de l'éd. Moland, t. XXXVIII.)

(2) Grimm, juillet 1788, XV, 282.

(3) Le Directeur de la librairie recevait seulement quelques livres en hommages des libraires ; encore ceux-ci n'étaient-ils pas forcés de lui faire ces cadeaux. (Barbier, V, 3.)

ville (1722), Chauvelin (1727), qui furent tous deux Gardes des Sceaux, Rouillé (1737), le comte d'Argenson (1737), enfin Maboul (1740-1750) (1). Les fonctions du Directeur de la librairie étaient alors assez peu importantes et mal définies; il faisait respecter les règlements de la corporation, surveillait les imprimeurs et les libraires, tranchait les différends qui s'élevaient entre eux et délivrait les privilèges pour les ouvrages approuvés par les censeurs.

Ce ne fut que quand Lamoignon de Blancmesnil fut nommé chancelier, en 1750, à la démission de Daguesseau, que la Direction de la librairie devint une charge réellement importante tant à cause de la situation difficile où la publication des ouvrages philosophiques allait mettre le gouvernement qu'à cause de la supériorité de l'homme qui fut chargé de ces délicates fonctions.

Le fils du nouveau chancelier, Lamoignon de Malesherbes, qui avait épousé l'année précédente la très riche demoiselle Grimod de La Reynière, fille du fermier général, et avait obtenu la survivance de la place de son père à la Présidence de la Cour des Aides, était alors un jeune homme de vingt-neuf ans qui aimait beaucoup les belles-lettres. Lamoignon lui confia la Direction de la librairie et il y resta pendant les treize années que dura le ministère de son père, c'est-à-dire pendant les années les plus fécondes de la production philosophique.

C'était un esprit très cultivé et à la fois très juste et très libéral. « Il accorda aux productions de l'esprit et au commerce des pensées une liberté honnête et décente (2). » On a même prétendu qu'il avait trahi le gouvernement qu'il représentait, en favorisant les philosophes (3). C'est aller trop loin; il était très loyal et ne permit aucune attaque directe contre le roi ni contre le ministère; mais c'était un ami des Encyclopédistes et un partisan décidé de la liberté de la presse. Il aimait à s'en déclarer « un des plus anciens défenseurs ». « Ce n'est point dans la rigueur qu'il faut chercher un remède, disait-il en 1759 (4), c'est dans la tolérance... Je ne connais qu'un moyen pour faire exécuter les défenses,

(1) Lottin, p. 181.

(2) La Harpe, *Corresp. avec le grand-duc de Russie*, I, 53.

(3) Sabatier de Castres, *Considérations politiques sur les gens d'esprit et de talent*. Paris, Londres et Saint-Pétersbourg, 1804. D'Argenson dit aussi dans ses *Mémoires* : « Le Président de Malesherbes s'y prend fort joliment : il laisse passer tout ce qui se présente... puis quand les ordres d'en haut surviennent pour prohiber, il les publie et revient à la tolérance, de façon qu'elle reste et règne plus dans la littérature que partout ailleurs. » (11 mars 1753, VII, 424).

(4) *Mém. sur la libr.*, p. 45, Cf. *Mém. sur la lib. de la presse*, p. 8.

c'est d'en faire fort peu. » Et il commençait son *Mémoire* de 1790 par cette affirmation : « Je regarde comme un principe qui ne peut plus être contesté que la liberté de la discussion est le moyen sûr de faire connaître la vérité (1). » Il ne « disait pas d'ailleurs qu'il fallût supprimer la censure, mais seulement la loi qui l'exigeait pour tous les ouvrages qui seraient imprimés ou, ce qui est la même chose, qui exigeait pour chaque ouvrage une permission expresse (2). »

Son principe théorique était qu'il ne fallait conserver la censure que pour les auteurs qui voulaient avoir des garanties contre les poursuites ; à tous les autres il voulait accorder la liberté avec un droit de poursuite reconnu seulement aux particuliers qui seraient lésés par des écrits diffamatoires. C'est en somme notre théorie moderne (3).

En fait, il s'efforça d'être vraiment équitable, de tenir la balance égale, de ne favoriser aucun parti aux dépens du parti adverse ; il n'empêcha pas la publication d'ouvrages, qu'il aurait d'ailleurs été impuissant à prévenir. Il est vrai qu'il fit plus parfois, qu'il s'occupa lui-même de l'impression de l'*Emile*, qu'il avertit Diderot de la condamnation imminente de l'Encyclopédie. Mais les lois étaient trop en désaccord avec les mœurs pour qu'il pût songer à les appliquer à la lettre. Peut-on même dire qu'elles étaient encore réellement en vigueur, puisque le procédé ordinaire de l'ancien régime, comme celui de l'Angleterre moderne, était de ne jamais abroger une loi tombée en désuétude. Il ne fit en somme que consacrer des usages qui devaient inévitablement s'imposer au dix-huitième siècle et il réussit à « laisser aux écrivains, comme le remarque Brunetière (4), tout ce que les règlements en vigueur, les usages administratifs, le temps, les circonstances, l'état si variable alors et si changeant de l'opinion, enfin l'utilité publique lui permettaient de leur laisser de latitude et de liberté ».

Il s'occupa très activement des multiples devoirs de sa charge. C'est lui qui recevait les rapports des censeurs royaux et qui les nommait, qui donnait les privilèges et les permissions tacites dont il développa considérablement l'usage ; il accordait les

(1) Mal., *Lib. de la presse*, p. 7.
(2) *Ibid.*, p. 63.
(3) Il a exposé tous ses principes dans ses cinq *Mémoires sur la librairie*, rédigés en 1759 sur la demande du Dauphin et imprimés en 1809.
(4) *Etudes critiques*, 2e série, p. 148.

simples tolérances, il autorisait l'entrée en France des livres imprimés à l'étranger et ordonnait la levée de l'interdiction à la Chambre syndicale. C'est à lui que les inspecteurs chargés de la librairie rendaient compte de leurs visites et perquisitions. Son autorité s'étendait sur toute la France, et il pouvait ordonner des opérations de police dans les provinces, même à l'étranger. Les nombreux papiers qui nous ont été conservés par l'inspecteur d'Hémery, et qui forment la collection Anisson-Duperron, témoignent de sa prodigieuse activité pendant les treize années qu'il resta Directeur de la librairie.

Malesherbes conserva en effet sa place jusqu'à la disgrâce de son père. Il se retira en octobre 1763 (1). Déjà, en 1753, au dire de d'Argenson (2), le lieutenant de police Berryer aurait été chargé d'accorder les privilèges, le roi ayant ôté sa confiance au chancelier et à son fils. La chose est douteuse. Mais en décembre 1759, Sartine, qui venait d'être nommé lieutenant de police, fut « commis pour tenir la main à l'exécution des règlements concernant la librairie (3) ». En 1763, ce fut lui qui fut complètement chargé par Maupeou de la librairie dont la Direction se trouva ainsi réunie à la Police de 1763 à 1776 (4).

Comme les soins de sa charge ne lui permettaient pas de s'occuper beaucoup de la librairie, on lui adjoignit un secrétaire général ou plutôt on étendit les attributions de ce dernier dont la place existait déjà (5). On y nomma Marin, un censeur royal, journaliste assez ignoré (6).

L'un et l'autre furent aussi favorables aux philosophes que l'avait été Malesherbes. Ce dernier avait autorisé Rousseau à se servir de son enveloppe pour se faire envoyer les épreuves de l'*Héloïse* qu'imprimait Marc-Michel Rey; Voltaire, lui, usait de même de la permission que lui donnait Marin de lui adresser des

(1) *Mém. secr.*, XVI, 202, et 22080, 166, lettre de Malesherbes à d'Hémery, 4 oct. 1763.
(2) *Mém.*, VIII, 43.
(3) 22177, 113.
(4) Hardy, III, 256.
(5) Elle semble avoir été peu rémunérée. Elle « me donne le droit de dépenser 1800 livres par an de ma poche, sans y faire entrer un sol », dit Marin à Voltaire, le 5 mai 1765 (*Mercure de France*, avril 1908). — C'est Pichault et Gibert qui sont indiqués par Lottin (*Catalogue chronologique*, p. 181), comme ayant été secrétaires sous la direction de Malesherbes; il n'est jamais question d'eux dans les mss. de la Bibliothèque Nationale.
(6) 22000. Il fut remplacé plus tard par Le Tourneur. Il était peu estimé de Joly de Fleury, qui le déclarait peu sûr et peu capable d'être secrétaire de la librairie. (Coll. Joly de Fleury, 2192.)

errata pour le *Siècle de Louis XIV*, quand « l'exacte et avisée veuve Duchesne » le réimprimait en 1767, et il les envoyait à Marin sous l'enveloppe de Sartine (1). Diderot (2), étant en Hollande, en 1775, disait de Sartine : « Il n'est pas mon protecteur; c'est mon ami de trente-cinq ans; il m'a écrit deux fois pendant mon absence de France, une fois ici, une fois à Pétersbourg; il est tolérant autant qu'il peut l'être. » Quant à Marin, il devint l'ami de Voltaire qui eut vite fait de le circonvenir grâce à d'habiles cadeaux : il lui abandonnait le profit des éditions de certaines de ses œuvres, sûr moyen de leur éviter toute condamnation, et, par un juste retour, Marin se chargeait de les distribuer lui-même (3). Il souhaitait vivement que le chancelier « s'en rapportât à lui pour les affaires de la librairie. Il peut rendre beaucoup de services à la littérature, ajoutait-il. Il faudrait que Marin fût un jour de l'Académie, et qu'il succédât à quelque cuistre à rabat pour purifier la place (4) ».

En 1774, Sartine étant nommé ministre de la Marine, ce fut son successeur à la Lieutenance générale de police, Albert, qui prit la Direction de la librairie. Il n'y resta pas longtemps. En 1776 le ministère de Turgot et de Miromesnil, qui étaient pourtant tous deux des amis des philosophes, choisit comme Directeur de la librairie un conseiller au Grand Conseil, Le Camus de Néville, qui se montra très sévère (5). « Il imagina de ne plus laisser aucun auteur communiquer avec le censeur de son ouvrage, il ne voulait pas même qu'il le connût, il se faisait remettre le manuscrit et l'envoyait personnellement à celui qu'il choisissait pour l'examiner, lequel le lui remettait de même » (6).

(1) Voltaire à Marin, 27 nov. 1767.

(2) Diderot au général Betzky. La Haye, 15 juin 1774, t. XX, p. 65.

(3) Mme du Deffand à Voltaire, 1er août 1772, n° 8591 de Moland. Plusieurs lettres de Marin à Voltaire ont été publiées par M. Caussy dans le *Mercure de France* du 16 avril 1908.

(4) Lettre de Voltaire, 4 juin 1769.

(5) Hardy, III, 256.

(6) *Mém. secr.*, IX, 248. Voici comment Manuel apprécia la nomination de Le Camus, assez à tort d'ailleurs puisqu'il ne fut pas le premier titulaire de cette charge. Du moins le passage est-il curieux par les précisions qu'il donne sur les attributions respectives du directeur de la librairie et du lieutenant de police :

« La police, qui attribuait aux *mauvais* livres les premiers élans de l'indépendance, crut devoir resserrer le bandeau d'un peuple qui commençait à entrevoir et le gaspillage des cours et le libertinage des prêtres. Pour l'empêcher de tout dire, il fallait d'abord l'empêcher de tout lire... M. le lieutenant général, qui n'osait plus répondre seul du sort de la monarchie, demanda du secours à Mgr le Chancelier et l'*Atlas* de la capitale ne tarda pas à annoncer lui-même aux officiers de la librairie l'arrivée d'Hercule : « La multitude des affaires attachées à ma place ne me permettant pas, Messieurs,

Ce fut lui qui fit édicter les règlements du 30 août 1777, qui apportaient quelques modifications de détail à l'organisation de la librairie et surtout qui établissaient des règles toutes nouvelles pour la délivrance des privilèges. Désormais les privilèges, qui restaient toujours nécessaires en principe, devaient être accordés soit aux libraires, soit aux auteurs auxquels on donnait le droit de publier eux-mêmes leurs ouvrages. Dans le premier cas, leur durée était de dix ans au moins, mais sans prolongation ; ils avaient pour but de rembourser le libraire de ses avances; dans le second

de donner toute mon attention à l'administration de la librairie, j'ai cru devoir prier M. le Garde des Sceaux d'en remettre une partie des détails à un magistrat digne de sa confiance. Ce ministre a fait choix de M. Le Camus de Néville, maître des requêtes, lequel, à compter de ce jour, prendra connaissance et expédiera les affaires qui dépendront à l'avenir de son administration. Je vous ferai connaître les objets sur lesquels je continuerai de donner mes soins. Le bureau se tiendra encore chez moi jeudi prochain; vous y viendrez, je me ferai un plaisir de vous présenter à ce magistrat et de lui inspirer les sentiments d'estime et de confiance que je ne cesserai d'avoir en vous. Je suis parfaitement votre, etc... Le Noir. »

» Alors la librairie eut deux rois. La ligne de démarcation entre leurs empires est le chef-d'œuvre des deux souverains. Après plusieurs conférences les articles suivants furent arrêtés.

» Pour le lieutenant de police : 1° permettre l'entrée des livres aux barrières; 2° les faire rendre à la douane; 3° les saisies ou suspensions de livres par les commis des fermes, tant aux barrières de Paris que de la province; 4° les saisies des livres prohibés faites dans les Chambres syndicales par les inspecteurs de la librairie ou officiers ainsi que par les commis des fermes dans leurs tournées; 5° la visite qui se fait tous les ans à la Chambre syndicale pour décider du sort des livres qui y sont confisqués ou suspendus; 6° recevoir les serments des nouveaux officiers de la librairie et celui des nouveaux libraires; 7° tenir la main à l'exécution des règlements; 8° permettre l'impression d'un ouvrage jusqu'à concurrence de deux feuilles; 9° défendre ou arrêter la vente de toute espèce d'ouvrages suivant les circonstances; 10° toutes perquisitions ou saisies de l'ordre du roi ou emprisonnement; 11° censure des pièces de théâtre; 12° on doit fournir au magistrat une copie des permissions tacites. Il faudrait aussi lui donner copie de tous les jugements. A quelques observations près, tout accordé.

» Pour le directeur général de la librairie: 1° Proposer la nomination d'un nouveau censeur; 2° nommer le censeur d'un ouvrage; 3° recevoir son jugement; 4° en rendre compte à M. le Garde des Sceaux; 5° lui adresser la feuille des jugements ou des permissions tacites; 6° proposer la nomination des inspecteurs de la librairie tant à Paris qu'en province; 7° signer les ordres pour rendre les livres à la Chambre syndicale; 8° permettre ou suspendre la distribution d'un ouvrage approuvé et permis; 9° punir un libraire qui aura mis en vente avant la permission; 10° recevoir les plaintes des auteurs contre les libraires et en rendre compte à M. le garde des Sceaux; 11° rendre compte à M. le Garde des Sceaux des demandes de privilèges, des refus d'enregistrement desdits privilèges à la Chambre syndicale; 12° des plaintes de contrefactions, d'analyses, d'extraits, de plagiats. Le tout accordé, en observant toutefois que le magistrat de la librairie doit avoir le droit de faire exécuter une interdiction prononcée par un arrêt du conseil; mais dans le cas de police civile il convient de consulter le magistrat de police... Une fois à leurs places, ces deux magistrats se disputaient la gloire d'entretenir la Cour de leurs services... Tous les deux se faisaient un grand mérite d'avoir fait saisir à la foire de Beaucaire quarante ballots de livres défendus, destinés pour la France et introduits par Avignon, d'avoir fait arrêter à Lyon, à Bayonne des libraires en contravention.» Manuel, *La Police de Paris dévoilée*, an II, p. 23-34.)

cas, la propriété littéraire était reconnue et même beaucoup plus étendue qu'elle ne l'est aujourd'hui, puisque les privilèges devaient être accordés à l'auteur et à ses descendants à perpétuité (1). On imagine facilement l'émotion que souleva cet arrêt. L'enthousiasme fut aussi grand parmi les auteurs que le dépit parmi les libraires. L'Académie française exprima au roi sa reconnaissance (2). Mais il fallut faire enregistrer l'arrêt à la Chambre syndicale des libraires dans une séance qui ressembla fort à un lit de justice (3). Pendant plusieurs années, ce fut un déluge de *Mémoires*, de *Lettres*, d'*Observations sur les lettres*, de *Discours impartiaux*, de *Requêtes au roi*, etc. (4).

Le Camus quitta la Direction de la librairie en janvier 1784 (5). Il fut remplacé par un autre maître des requêtes, Laurens de Villedeuil, auquel ne tarda pas à succéder Vidaud de La Tour, conseiller d'État (1785). Ce Vidaud resta en place jusqu'à la Révolution (6).

II

Le Directeur de la librairie était toujours aidé pour la surveillance des imprimeurs, libraires et colporteurs par le lieutenant général de police (7). Ce dernier avait le droit d'accorder lui-même des permissions pour certains petits ouvrages; de nombreux rapports sur le commerce clandestin lui étaient fréquemment adressés; il était en relations perpétuelles avec le Directeur de la librairie, et nous avons même vu que Sartine et Albert cumulèrent les deux fonctions pendant douze ans.

Mais le lieutenant de police avait bien d'autres affaires à traiter que celles de la librairie. Aussi avait-il sous ses ordres un fonctionnaire qui était spécialement chargé de ce département, l'un des plus importants de son ministère : c'était l'inspecteur de la librairie (8).

(1) Bibl. Nat., Res. F. 719, 69 sqq.
(2) *Ibid.*, 82.
(3) Hardy, III, 413: *Mém. sec.*, X, 292 sqq.
(4) La thèse des libraires fut surtout défendue dans trois *Lettres à un ami, concernant les affaires de la librairie*. Bibl. du Cercle de la librairie.
(5) *Mém. secr.*, XXV, 19.
(6) Lottin, p. 259.
(7) Ce furent, à partir de 1750, Berryer; Bertin, 1757; Sartine, 1759; Le Noir, 1774; Albert, 1775; Le Noir, 1776, et Thiroux de Crosne, 1785.
(8) Il y avait quatre places d'inspecteurs de la librairie, dont deux auprès de la Chambre syndicale; mais en fait elles furent toutes confiées à un ou deux inspecteurs. (Voir l'*Introduction* de M. Coyecque à son *Catalogue de la collection Anisson-Duperron*.)

Cet inspecteur avait pour mission de faire les visites dans les imprimeries, visites que les officiers de la Chambre syndicale auraient dû faire régulièrement, mais qu'ils ne faisaient pas ou qu'ils faisaient mal, arrangeant toujours les mauvaises affaires et n'en parlant pas au magistrat pour ne pas nuire à leurs confrères (1). Il devait encore tenir la main à l'exécution des règlements concernant la librairie, surveiller les colporteurs, ceux de la Chambre syndicale comme ceux des loteries, ceux de l'Ecole militaire et les colporteurs sous le manteau; adresser au magistrat des exemplaires de tout ce qui s'imprimait avec ou sans permission, visiter et examiner les livres venant de la province ou de l'étranger et qui étaient portés à la Chambre, enfin faire des recherches pour découvrir les auteurs des libelles ou des lettres anonymes (2).

(1) Nouv. Acq., 1214, 256.

(2) 22080-82. Voici d'ailleurs l'état exact des objets relatifs à la librairie dont l'inspecteur était chargé :

« 1° L'inspection sur les graveurs et fondeurs de caractères.

« 2° L'inspection sur les auteurs, imprimeurs, libraires, colporteurs relativement aux règlements de la librairie.

« 3° La recherche des imprimeries clandestines et de tous les ouvrages quelconques imprimés sans permission.

« 4° La vérification de tous les avis et de toutes les plaintes qui intéressent les auteurs, libraires, imprimeurs et colporteurs.

« 5° L'inspection sur toutes les loteries et le soin de veiller à ce qu'il ne s'en établisse aucune contre les lois et le vœu du gouvernement.

« 6° L'inspection sur tous les colporteurs sous le manteau, sur les colporteurs et afficheurs de la Chambre, les colporteurs de loterie, les étaleurs et marchands d'estampes avec le soin de les viser chaque année selon les règlements.

« 7° La capture de tous les auteurs, libraires, imprimeurs et colporteurs qui se trouveront dans le cas et avec les commissaires les perquisitions qui sont ordonnées par le magistrat.

« 8° L'inspection sur tous les écrivains publics qu'on pourrait même obliger de lui fournir de leur écriture et lui déclarer leur demeure, et de l'informer des changements comme on y a obligé les marchands d'estampes.

« 9° La recherche et découverte des auteurs des lettres anonymes dont il vérifierait plus aisément les écritures sur celles qu'il aurait de tous les écrivains publics.

« 10° Et pour découvrir tout ce qui se passe dans les imprimeries, l'inspection de tous les garçons et ouvriers imprimeurs qu'on pourrait signaler et classer comme le sont les matelots et gens de mer dans les bureaux des classes des ports du royaume.

« Il est d'usage de faire tous les ans une visite chez tous les libraires pour y examiner s'ils ne vendent pas de livres prohibés, et, si quelqu'un est dans le cas, lui faire les réprimandes convenables, et en cas de récidive en faire le rapport au magistrat qui en ordonne ce qu'il juge à propos.

« Il est encore d'usage de faire la visite tous les trois mois aux imprimeries pour y prendre tout ce qui s'imprime dans chacune d'elles afin de le conférer avec le livre des permissions qui doit se trouver à la Chambre syndicale ou chez le secrétaire général de la librairie; sur ce registre il y est expliqué si les ouvrages se font avec privilège, permission simple ou permission tacite, etc., et donner un état au magistrat de chaque visite.

« L'inspection sur les colporteurs est d'obliger ceux-ci à se rendre une fois le mois chez l'inspecteur pour s'y voir appeler à son tour et répondre sur les questions

Cette fonction était aussi délicate qu'importante. Elle fut confiée à Le Roux, puis à Tapin, puis à Beauchamps, auquel succéda d'Hémery en 1757 (1). D'Hémery, qui était attaché à la police depuis 1748, resta inspecteur jusqu'en 1773. Il demanda alors à être déchargé de quelques-unes de ses attributions qui furent confiées à Goupil (2). Il fut le bras droit de Malesherbes et de Sartine; il connaissait admirablement tous les libraires, les auteurs même; c'est lui qui rédigea, de 1750 à 1769, ce journal de la librairie qui est encore aujourd'hui une source de renseignements si précieux sur l'histoire littéraire du dix-huitième siècle (3); ce devait être un esprit très fin et assez cultivé. Il voulut même, dit méchamment Bachaumont (4), « se donner un air de curieux et de philosophe et il composa un cabinet d'histoire naturelle de pièces qu'il avait escamotées de droite et de gauche ». Il habitait à l'hôtel des Ambassadeurs extraordinaires, ci-devant hôtel de Pompadour. Il fut chargé de plusieurs opérations de police importantes et notamment de perquisitions à Bouillon, à Avignon ou ailleurs. Il était au fait de toutes les imprimeries clandestines; il protégeait plusieurs libraires ou colporteurs qu'il avait chargés de lui fournir les nouveautés et qui n'étaient d'ailleurs pas plus que les autres à l'abri des arrestations et des perquisitions (5).

Bref, il fut le préfet de police de la librairie, admirablement compétent et consciencieux, suivant toujours les indications du magistrat et partageant par conséquent ses idées libérales.

Après lui, ses fonctions furent remplies par Goupil, qui s'en acquitta assez mal; puis l'inspection générale de la librairie fut purement et simplement rattachée à la lieutenance générale de police et confiée à Le Noir et à Albert.

En somme, on finissait par reconnaître l'inutilité de toute cette

qui peuvent lui être faites relatives à son colportage. Il est bien essentiel de tâcher de connaître cette classe, car, s'il se vend dans Paris dix mauvais ouvrages, elle y trempe pour neuf... » Rapport fait en 1773, lors de la démission de d'Hémery. Archives de la Bastille (Bibl. de l'Ars.), 10028.

(1) 22080, 34, et Nouv. Acq., 1214, 204. Lottin, p. 181.

(2) Archives de la Bastille (Bibl. de l'Ars.), 10303, 345. Ce Goupil était loin d'avoir la conscience de d'Hémery; c'est lui qui avant de le remplacer dénonçait les colporteurs dont il se servait (Arch. de la Bast., 12412) et lui encore qui fut arrêté en 1778 parce qu'il faisait avec sa femme le commerce des livres condamnés qu'il saisissait (*Mém. sec.*, XI, 202).

(3) 22156-22165.

(4) *Mém. secr.*, 1774, t. VII, p. 187.

(5) Hardy. I, 196. D'Hémery employait ainsi beaucoup, vers 1750, un certain Bonin. Il y avait même des délateurs chargés d'espionner les auteurs, comme ce Glénat que Diderot employa quelque temps comme copiste. (Diderot à Mlle Volland, XIX, 130.)

savante et minutieuse organisation de la librairie. Conçue en plein seizième siècle, à la veille de la constitution définitive de la monarchie absolue, et pour contenir l'explosion des doctrines de la Réforme, elle avait eu pour but d'exercer sur la littérature une tutelle qui mît les pouvoirs reconnus à l'abri des attaques indiscrètes de la presse. Ce but avait pu sembler atteint au dix-septième siècle ; mais, avec le réveil au dix-huitième des idées de critique et de liberté, les vieilles règles n'avaient pas tardé à paraître surannées. Chaque jour elles devenaient plus difficiles à observer ; chaque jour on trouvait quelque nouveau moyen de les enfreindre. La vieille citadelle de l'autorité absolue ne pouvait plus se défendre contre le flot montant de la philosophie.

Ce fut par un progrès méthodique et constant que la liberté de la presse fut conquise au dix-huitième siècle. Car, s'il est vrai qu'aucune loi expresse ne la reconnut avant 1789, ne peut-on pas dire qu'en fait elle existait déjà avant la Révolution? La surveillance de la librairie était aussi tolérante en pratique que sévère en théorie ; elle finit par ne plus gêner les auteurs les plus audacieux, et par avouer en quelque sorte son impuissance.

« Il n'y a aucun livre qui fasse quelque bruit, disait Diderot, dont il n'entre en deux mois deux cents, trois cents, quatre cents exemplaires sans qu'il y ait personne de compromis ; et, chacun de ces exemplaires circulant en autant de mains, il est impossible qu'il ne se trouve un téméraire entre tant d'hommes avides de gain, sur un espace de l'étendue de ce royaume, et voilà l'ouvrage commun (1). »

Le plus grave défaut de l'Administration fut d'être incohérente, de passer sans transition des faveurs aux poursuites, d'être tantôt paternelle, tantôt autoritaire, sans réussir jamais à être juste, ni surtout à être légale. Car les Directeurs de la librairie étaient toujours dans cette alternative, ou d'être impuissants et ridicules en faisant preuve d'une sévérité qui aurait été parfaitement inefficace, ou de paraître trahir les intérêts dont ils avaient la charge, en tolérant ce à quoi ils ne pouvaient guère s'opposer. C'est généralement ce second parti qu'ils prenaient. Mais les retours agressifs et éphémères de la sévérité, le caractère clandestin que donnait à toutes les publications un peu hardies l'aspect officiel de ces mesures prohibitives et de ces condamnations eurent

(1) *Lettre sur le com. de la lib.*, p. 64.

pour résultat d'aviver la curiosité du public, toujours plus avide de ce qui est défendu ; et, loin d'arrêter les progrès chaque jour plus rapides des idées nouvelles, les mesures maladroites et inefficaces prises par le gouvernement selon les anciennes traditions ne firent que l'accélérer, en signalant à l'attention de l'élite intellectuelle et sociale de la France monarchique, seule susceptible de s'y intéresser, les ouvrages les plus dangereux qui sapaient par la base les principes mêmes de l'ancienne société.

Vu, le 22 juin 1912.

Le Doyen de la Faculté des Lettres de l'Université de Paris,

A. CROISET.

Vu et permis d'imprimer.

Le Vice-Recteur de l'Académie de Paris,

L. LIARD.

TABLE DES MATIÈRES

SAINT-CLOUD. — IMPRIMERIE BELIN FRÈRES.

www.ingramcontent.com/pod-product-compliance
Ingram Content Group UK Ltd.
Pitfield, Milton Keynes, MK11 3LW, UK
UKHW012043240726
13965UKWH00003B/1017